A HISTÓRIA DE
CARMEN RODRIGUES

UMA LUTA CONTRA O PRECONCEITO
EM BUSCA DA FELICIDADE
NO RELACIONAMENTO

ANA LUIZA LIBÂNIO

A HISTÓRIA DE
CARMEN RODRIGUES

UMA LUTA CONTRA O PRECONCEITO
EM BUSCA DA FELICIDADE
NO RELACIONAMENTO

ANA LUIZA LIBÂNIO

Copyright© 2014 by Editora Ser Mais Ltda.
Todos os direitos desta edição são reservados à Editora Ser Mais Ltda.

Presidente:
Mauricio Sita

Capa:
Estúdio Mulata

Diagramação e projeto gráfico:
Cândido Ferreira Jr.

Revisão:
Ana Luiza Libânio

Gerente de Projetos:
Gleide Santos

Diretora de Operações:
Alessandra Ksenhuck

Diretora Executiva:
Julyana Rosa

Relacionamento com o cliente:
Claudia Pires

Impressão:
Gráfica Pallotti

Dados Internacionais de Catalogação na Publicação (CIP)
(Câmara Brasileira do Livro, SP, BRASIL)

Libânio, Ana Luiza
A história de Carmen Rodrigues / Ana Luiza Libânio. -- 1. ed. -- São Paulo : Editora Ser Mais, 2014.

ISBN 978-85-63178-62-6

1. Relacionamentos 2. Rodrigues, Carmen 3. Romance brasileiro I. Título.

14-06627   CDD-869.93

Índices para catálogo sistemático:

1. Romance : Literatura brasileira 869.93

Editora Ser Mais Ltda
Rua Antônio Augusto Covello, 472 – Vila Mariana – São Paulo, SP
CEP 01550-060
Fone/fax: (0**11) 2659-0968
Site: www.editorasermais.com.br e-mail: contato@revistasermais.com.br

Para Hannah e Lilian.

Primo Betto, obrigada pela luz várias vezes acesa nos pensamentos confusos, e por nos lembrar do conselho de Santo Agostinho: "Ama e faz o que quiseres."

Aos meus pais agradeço por terem me ensinado o que é amor, cuidado e respeito.

Mestre James McSill: "I bow to you, oh master, my master."

Obrigada, queridos Ronan e Janaína, por terem me incentivado a colocar em papel as palavras que penso. A energia que deixaram por aqui perdura.

Sumário

	p.
Parte I	11
1	13
2	29
3	43

	p.
Parte II	61
1	63
2	85
3	93
4	101
5	111
6	119
7	125
8	131
9	137
10	145
11	159
12	167
13	179
14	191
15	195

	p.
Parte III	201
1	203
2	213
3	221

1

Na véspera da audiência em que poderia perder o filho, contar carneiros em nada ajudou.

E naquela manhã, os ponteiros do relógio pendurado sobre a porta do banheiro da suíte, sem importar se ela dormira ou não, eram categóricos: hora de se levantar.

Banho.
Roupa.
Café.

Todo dia a rotina era igual. Exceto naquele. Passar a manhã no fórum, além de não fazer parte da lista de atividades costumeiras de Carmen, era algo que desagradava.

A "Carta de Notificação", além de trazer a má notícia da iminência da perda da guarda de seu filho, inscreveu Carmen para uma infindável luta contra a insônia. Antes de se deitar, armava-se para a batalha: um copo d'água, cartela de remédios, uma revista. Sempre escolhia a mais entediante das publicações na esperança de jamais passar da primeira dezena de páginas. Na véspera da audiência, não só conseguiu passar da décima página, da vigésima, da última, como foi necessário repetir a dose de sonífero, ler a bula do remédio e reler as reportagens sobre raças equinas.

Pela manhã, as pernas, peças de chumbo largadas sobre a cama, ela arrastou, uma de cada vez. Esforçava-se para levantar. O torso, tenso, entretanto, permanecia largado nos lençóis.

Inútil batalha.

Carmen prolongaria aquele tempo. Se ao menos fosse cedo, bem mais cedo... Nesse caso, talvez resolvesse. Possivelmente conseguiria dormir. Será que pregaria os olhos? É possível que não, mas pelo menos, aproveitaria mais alguns minutos, na cama. Com Clarissa.

O cheiro invadiu o quarto.

Vinha da cozinha. Cheiro de café.

Espreguiçou-se. Suspirou. O aroma torrado misturava-se ao perfume de alfazema deixado na fronha. Como de costume, Clarissa levantara-se cedo; preparava o café da manhã.

Carmen afagou o travesseiro da companheira. As pernas de volta à cama enroscaram-se ao lençol. Ali, quieta, escutava música. Vinha da sala. Diariamente, acordes eruditos iniciavam a rotina. Naquela manhã, Beethoven, sonata número 14 para piano.

A porta se abriu.

Purpúrea suavidade e a leveza de silhueta desenhada em nanquim no papel de seda branco encheram os olhos de Carmen. Por alguns segundos, Clarissa ficou inerte, o desenho a observar o espectador, Carmen pensava em se fingir adormecida. Queria acordar com beijo. Depois café, mais alfazema, Beethoven: perfeita manhã.

Desejo urgente.

— Veio me beijar, Clarissa?

— Ah! Acordou, minha Carmensita?

— E por acaso dormi? Vem cá... — bateu a palma da mão esquerda no espaço vazio do colchão; a direita, esticada, tentava pegar Clarissa. Carmen tinha o que precisava:

Clarissa.

O quarto.

Ela.

As duas. Juntas.

Clarissa sentou-se na cama e com a voz acompanhava os acordes que vinham da sala; enroscou os dedos nos cabelos de Carmen, deitada de lado, com a cabeça em seu colo.

— Está na hora de levantar. Larga essa preguiça, enfrenta o dia! Vamos, mulher! — Clarissa interrompeu Beethoven.

— Difícil... Meu corpo não me obedece — inerte, Carmen sussurrou.

— Foi bom falar nisso. Você tem exagerado nos comprimidos.

— Imagina...

— Foram quantos ontem?

— Deixe de se preocupar com bobagem. — Carmen sentou-se.

— Mau sinal... — Clarissa balançava a cabeça.

Carmen desviou o olhar. Suspirou.

— Tudo bem, não precisamos falar nisso agora, apenas me mostre a caixa do remédio que comprei há... Quantos dias mesmo? Cinco?

— Clarissa, tomei dois comprimidos ontem. Chega. Simplesmente estou sem cabeça para discutir bobagem.

— Saúde é bobagem? — ela balançou a cabeça. — Adianta se entupir de remédio? Deixa pra lá... — Clarissa interrompeu-se. Segurou Carmen pelos dois ombros, olhou nos olhos dela. — Vamos, levante-se, enfrente o dia. Tenha coragem.

Um profundo suspiro foi a resposta de Carmen. Fechou os olhos. Continuava a desejar que fosse mais cedo. Aliás, bem mais cedo. Antes mesmo do anúncio de toda sua angústia.

— Vai dar tudo certo. Você sabe bem: de nada adianta ficar desanimada. Sentir-se vítima.

— Tem razão. Mas foi impossível não pensar nessa audiência a noite inteira. Não preguei os olhos. Aliás, há tantas noites não durmo... Só penso em Pedro. Minha cabeça, acelerada... Você sabe...

— Sei — Clarissa interrompeu —, você também sabe: ninguém tira a guarda de uma mãe sem razões fortíssimas. Você é boa mãe. Acha que alguém teria motivo para fazer isso com você? Com Pedro? Ele precisa de ajuda. Você é o que ele precisa.

— É... Bem que você podia ser juíza...

As duas se abraçaram. Por alguns instantes Carmen sentiu-se aliviada pela autoridade, ainda que fantasiosa, de Clarissa.

— Mas você se esqueceu de um detalhe, meu amor — ela despertou do sonho.

— Não me venha falar naquela teoria de que...

— Teoria? — Carmen interrompeu em um volume de voz mais alto. — Somos lésbicas, isso não é teoria. Existe discriminação, isso não é conjectura. Somos um casal homoafetivo, inter-racial. E então? Teoria?

Clarissa suspirou.

Carmen deixou o corpo entregar-se novamente ao colchão e a cabeça ao cafuné de Clarissa. Os acordes recomeçaram.

●

Transitava entre as lembranças de caminhadas, brincadeiras, risadas; a vida com Pedro sempre a seu lado; os adversários, separação, calmantes ineficazes, medo: assim eram os momentos de Carmen. Se não estivesse no trabalho, dedicada a alguma leitura, ou entretida com o filho, a mente preenchida por temores ficava inquieta. "Modificação de guarda", um sinônimo para ameaça. Mais que ameaçar, aquele processo, aos poucos, destruía a vida que Carmen construíra.

Marcos colocava em risco a saúde do próprio filho: pura vingança. Incapaz de cuidar de Pedro, competente para vingar-se de Carmen, o ex-marido estava disposto a defender sua honra. Sentia-se homem traído, e pior: trocado por outra mulher.

Marcos compartilhava nada com o filho, nenhum interesse, nem mesmo pelo bem estar de Pedro. Entre os dois não havia diálogo. Um permanecia indiferente, enquanto o outro se sentia frustrado. Ele queria falar com o pai sobre namoradas, ouvir conselhos, queria estar próximo e ter as chamadas "conversas de homem" com aquele que deveria ser seu modelo.

No início do verão, quando voltara de uma das visitas ao pai, com lágrimas nos olhos Pedro reclamou que ao falar com Marcos sobre sua paixão por Thaís, namorada do colégio, em vez de conhecer melhor as questões do universo masculino, experimentou o duro julgamento do pai: "bobinho demais".

— Depois dessa, mãe, desisto de tentar conviver com meu pai. Ele sempre me diz para desistir de ter namorada. Ele pensa que mulher nenhuma vai gostar de mim de verdade.

— De onde ele tira isso, filho?

— Ele disse que mulher detesta homem retardado como eu... — Pedro abaixou a cabeça. — Homem para ter mulher boa tem que ser macho, forte, grosso.

— Pedro — Clarissa interveio —, você é bonito, inteligente. Vai ter, já deve inclusive ter, fila de garotas pra te namorar. Levanta essa cabeça, menino!

— Tá bom Clarissa — Pedro levantou a cabeça e riu —, só preciso corrigir uma coisa: sou interessado apenas em uma garota. Thaís. Vamos nos casar. Querem apostar?

— Meu filho quer se casar, Clarissa! É... O tempo passa. Olhe a idade aí! — as duas riram — Já estão sério assim, Pedro?

— Ah, mãe, que coisa de idade é essa? Mas sério: será que o pai tem razão? — o sorriso derreteu — Um cara doente como eu... A Thaís vai me querer?

— Pedro, nada te impede de ter namorada.

— Sempre imagino que as pessoas vão ter vergonha de mim.

— Filho! Vergonha por quê?

— Thaís pode ficar com vergonha de me namorar...

— Claro, pode. Mas se ela gosta de você, por que ficaria?

— Meu pai...

— Pedro, escute sua mãe. Se Thaís gosta de você, ela vai ficar com você. O que seu pai falou, esquece. Ele é dono da verdade? E me desculpe, mas ele é meio...

— Clarissa... — com o olhar Carmen censurou Clarissa. — Deixe seu pai pra lá — enquanto com a voz tentou acalmar Pedro.

•

Naquela manhã de calor insuportável, a audiência cada vez mais próxima mudava em nada o peso daquelas peças de chumbo sobre a cama de Carmen.

— Essa audiência, Clarissa... Como podem questionar se cuido bem de meu filho? — Carmen levantou a cabeça do colo de Clarissa; interrompeu os afagos para buscar conforto nos olhos da companheira.

Ficaram sentadas por alguns instantes. Caladas, se entreolhavam.

— Para de se preocupar antes da hora — Clarissa levantou-se, caminhou até a janela, subiu a persiana. — Escute: essa audiência vai dar certo. Nós estamos juntas nisso. Deus do céu! Esse calor parece que vai nos derreter — abriu a janela —, espero que não caia mais uma daquelas terríveis tempestades.

O céu misturava cores. Branco, aurora rosa, alaranjado, azul claro. Prenúncio, ou calmaria antes do Tsunami? Impossível prever. Difícil cogitar fatos. Mas o desejo, Carmen conhecia bem: que a brisa trouxesse a bonança, sem que houvesse a grande tempestade.

— Sei lá o que seria de mim sem você, Clarissa...
— Carmen jogou a cabeça para trás e caiu novamente deitada.

— Neste caso, Carmen, preciso confessar: sei lá o que seria de você! — elas riram juntas. — Mas você sabe bem porque estou sempre a seu lado, ou ainda tem dúvidas?

— Sei... Mas faz mal nenhum você me contar de novo. Adoro ouvir.

Clarissa deixou o corpo cair ao lado de Carmen.

— Estou com você — Clarissa sussurrou no ouvido de Carmen — porque eu te a...

O rádio relógio a interrompeu. Eram sete horas da manhã.

— Ah, despertador... — Clarissa riu. — Vou tomar banho.

— É sempre assim... O que é bom dura pouco...

Era apenas o começo daquele dia, Carmen não sabia onde encontrar coragem para se levantar. Clarissa, da porta do banheiro, lançou-lhe beijos encorajadores. Piscou, virou-se, entrou no banheiro.

Carmen ficou deitada mais alguns minutos sem se mexer. Tinha medo. Previa o vazio. Ao mesmo tempo, sabia: em Clarissa sempre encontraria companhia e cumplicidade.

— Bom... Hora de enfrentar a vida! — Carmen finalmente pulou da cama. Sentiu-se tonta. Deixou o corpo cair sentado no colchão. — Realmente devo ter exagerado na dose de comprimidos.

— Você disse alguma coisa? — Clarissa gritou de dentro do banheiro.

— Disse. É hora de enfrentar a vida. Bola pra frente! — forçou a caminhada até o banheiro. Na porta, já se sentia melhor. — Posso entrar?

— Claro! Vem tomar banho, vai lhe fazer bem — Clarissa falou alto, debaixo do chuveiro.

Carmen tentou cantarolar acordes, falhou. Sentou-se no vaso sanitário. Desabafou. Chorou por medo. Chorou por precisar chorar.

— Carmen?

— Difícil... Só penso... Quero Pedro aqui, com a gente. Ele vai ser infeliz com o pai.

— Calma.

— Roupas, Cólicas, Médicos. A maratona maternal... Sempre cumpri minha responsabilidade de mãe, Marcos sempre fez nada. Na-da. Ninguém fez por Pedro metade do que eu já fiz.

Clarissa desligou o chuveiro.

— Vai ficar tudo bem com Pedro, Carmen. — Clarissa inutilmente interveio.

— Clarissa, Marcos fala cada coisa, cada maldade... Além de estúpido com palavras, você sabe, ele tem gosto pela violência... Tenho muito medo do que ele é capaz de fazer.

— Sei. Na verdade, também tenho esse receio não só do que ele pode fazer contra a gente, mas contra Pedro. Sei bem as coisas que vocês passaram. Sei das coisas que ele fez com você. Absurdos. — Clarissa saiu do chuveiro e abraçou Carmen.

Carmen suspirou.

— Eu queria que o mundo acabasse agora. Neste exato momento. Você, Pedro e eu. Pronto. Nada mais.

— E por falar em Pedro... Já levantou. Vou lá arrumar o café da manhã. — Clarissa se prontificou ao ouvirem a batida na porta do quarto.

— Obrigada... — Carmen conseguiu sussurrar.

— Precisa agradecer? Estamos juntas nisso; lembra?

— Eu sei... — ela respirou fundo — Você sempre trata Pedro como se ele fosse seu filho, sem importar quando, onde, por quê. Carinho incondicional. Isso me emociona.

— Carmen — Clarissa se aproximou, com as duas mãos segurou o rosto de Carmen —, desde o início de nosso relacionamento, minha família é você e Pedro. Ele é para mim muito mais que o filho da mulher com quem estou. Ele é para mim o filho que eu não tive; ele é meu filho também — Clarissa beijou Carmen na testa e saiu do banheiro.

— Essa é uma história que você ainda não me contou direito — Carmen levantou um pouco a voz. — Você sempre fala nesse filho que não teve.

— Depois falamos nisso — Clarissa se aproximou da porta do banheiro. — Agora o momento é seu — saiu.

— Espere! Peça a Pedro pra vir aqui antes de sair? Para beijar a mamãe!

Clarissa riu.

— Claro! — gritou do quarto enquanto vestia o roupão.

Carmen fechou-se no banheiro. Pensava em Marcos, no quanto ele era inteligente, mas nada sensível. Ele não sabia lidar com as dificuldades do filho. Paciência, nem de longe, era uma de suas virtudes. Quem estaria com Pedro nos momentos difíceis? Dieta, acompanhamento médico, ajuda nos estudos. Apesar de poder levar vida normal, uma pessoa portadora de Síndrome de Williams precisa de cuidados, atenção ao desenvolvimento físico e cognitivo.

— Mamasita, mamasita... Carmensita, Carmensita... — Pedro interrompeu o devaneio da mãe.

— Meu Pedrito, meu Pedrito! — Carmen respondeu no mesmo ritmo.

— Já está na hora de partir, meu futuro construir. Na escola jogo bola; só estudo compenetrado; tenho sempre meus amigos bem aqui do meu lado.

Carmen abriu a porta do banheiro. Lá estava ele sorridente.

— Vem aqui; vou te apertar!

— Aí, mamãe! Gostou da minha rima? — Pedro se enroscou na mãe.

— Tem dúvida? É lógico. Adorei!

— Você está aí até agora. Já tomei café da manhã. Está na hora do escolar passar... Amanhã tomo café com você, tá bom? Você está assim porque tem a tal audiência, não é? Fica "na boa", mamasita! — ele se afastou.

— Esse seu bom humor, seu otimismo me dão força, sabia?

— Então, valeu!

— Lembrou-se de dar comida pra Rose?

— Nossa! Quase esqueci. Dá tempo ainda. Aquela chinchila é uma comilona! Tchau mãe! Eu te amo — ele gritou já na porta do quarto de Carmen.

— Opa! — ela riu. — Vai sair sem beijar sua mãe?

— Claro que não! — Pedro voltou e beijou Carmen. Ela fez que atrapalharia os cabelos dele. Pedro saiu acelerado; protegeu o pequeno topete.

— Ah, filho... — Carmen sussurrou. — Eu queria ser como você: ver o mundo cor-de-rosa, viver de bom humor, não perceber maldade nas pessoas — ela falava para si enquanto encarava a porta do quarto por onde Pedro acabara de sair. — Eu te amo, Sr. Pedro! — gritou na direção da sala, voltou para o banheiro, fechou a porta.

Em frente à pia ela se despiu; deixou cair a camisa sobre os pés já frios pelo assoalho. No espelho, fitava as rugas: composição de sua face; obra de seu passado. Seu corpo encolheu como se timidamente sorrisse. Concluiu: aquelas marcas eram assinaturas a homologar sua idade. Via no espelho do banheiro o corpo de mulher fustigado pelo tempo, murcho, curvado. Os olhos queriam evitá-lo.

— Estou viva... — Carmen resumiu-se — Alea jacta est... — concluiu.

De olho nas rugas, no espelho, na realidade, sua sorte, ela lançou. Começou a analisar a situação. As linhas de seu horizonte não eram exatamente invejáveis. Tinha um advogado inexperiente, o único que conhecia. O juiz, sabia-se, era preconceituoso, o grande desafio no processo. "O mundo é masculino, assim deve permanecer. A mulher deve ter consciência de seu lugar, seu papel na sociedade", o excelentíssimo magistrado sentenciara em semelhante processo e a notícia foi divulgada, muito mais como exemplo que como denúncia.

— Alea jacta est! Estou viva! — ainda diante do espelho, Carmen desabafou.

— Carmen? Tudo bem? — Clarissa falou do outro lado da porta. — Já estou de saída. Vou cuidar dos clientes. Você sabe, só começam o dia depois do café, livro e notícia! Se precisar, liga. Estarei com o celular no bolso o tempo inteiro. E vê se toma café. Está na garrafa térmica.

— Tem pão?

— Deixamos para você; Pedro e eu comemos o resto da pizza de ontem.

Carmen saiu do banheiro; ela ria.

— Não sei como aguentam pizza fria.

— Uma marguerita não se desperdiça — Clarissa piscou um olho para Carmen e a abraçou. — A propósito...

— Já sei — Carmen interrompeu —, e eu também. Muito.

Riram juntas.

2

Clarissa saiu, Carmen se fechou no banheiro. A agitação anterior, entra, sai, despede de um, despede do outro, atrasou o banho de Carmen.

Adorava o filho assim: orgulhoso de suas próprias rimas, barulhento, dengoso. Difícil até mesmo de pensar na possibilidade de viver sem Pedro.

Impossível ficar sem seu melhor assistente.

Das planilhas de controle de vendas ou dos relatórios de funcionários, pouco Carmen conseguia fazer com a falação de Pedro na sala. O contrário acontecia com pesquisas de fornecedores ou de produtos novos. Nessa hora Pedro brincava de ser assistente, adorava experimentar, sobretudo, os doces. Sentia-se importante quando Carmen esperava por seu dedão apontado para cima, ou para baixo. Muitas vezes ela só conseguia mesmo concluir o trabalho ou refletir sobre a vida, sozinha em casa, ou no escritório.

Ou fechada no banheiro.

De repente Carmen se deu conta de que, na distração, provavelmente teria perdido controle das horas. Deu dois passos para dentro do quarto, olhou o relógio pendurado acima da porta: ponteiro pequeno próximo do oito, grande sobre o nove. Precisava abreviar a "toalete".

Entrou no chuveiro.

Audiência às dez. Horário de saída, nove. Enquanto a água caía sobre o corpo, mentalmente desenhava a rota. A vantagem do horário era a possibilidade de o trânsito estar menos complicado.

No quarto os ponteiros confirmavam: ela estava quinze minutos mais perto da audiência. Carmen suspirou.

O silêncio da casa incomodava. Minutos antes: música, beijos, declarações, despedidas, aroma de café, alfazema. Naquele momento: nada. Havia certo frio no estômago, sensação de presságio. Estava só.

Vestia-se, questionava-se: afinal, qual é o valor da solidão?

Houve momentos em que Carmen pensou que sozinha poderia se conhecer, preencher-se de si. Verdadeiramente, na solidão somente preenchia planilhas, cumpria prazos, tomava decisões. Já desejara estar só, mas naquele momento queria inquietação. Carmen sonhava com vida em família.

Chegada a hora, estava pronta; precisava partir.

Seguir sua rota.

Alea jacta est!

Sorte lançada.

Bolsa nos ombros, chave nas mãos, Carmen se desejou sorte; aceitou lançar-se aos leões. Bateu a porta atrás de si com esperança de escancarar aquela mesma porta horas depois. Mesma porta, mesma Carmen, mesma família. Intactos.

Na garagem entrou no carro, ligou o motor, em seguida o rádio. Manobrou.

Mal o capô apontou a rua, os pingos grossos de chuva o açoitaram. Inacreditável sorte. Trânsito em dias de chuva ajudava em nada os apressados. Sobretudo os angustiados.

A ansiedade veio como enxurrada.

— Vamos lá, Carmen! Sorte...

Carmen seguiu com o rádio ligado, queria manter-se informada sobre as condições do trânsito.

"Rádio Pontal! Oito e quarenta e cinco da manhã..."

— Estou com sorte!

"... tempestades e tornados matam dezenas nos Estados Unidos. Hipertensão atinge 18% da população brasileira. Agora, no seu jornal da manhã. Terça-feira, 14 de abril de 2009."

— Pelo menos aqui temos apenas chuva. Nada de tornados...

"... a situação é caótica, pode ficar pior..."

— Que novidade, amigo radialista... "Nada é tão ruim que não possa piorar". Já dizia Murphy. Olhe isso aí — Carmen apontava para o caminhão atravessado na pista. — Tire esse caminhão do caminho, pelo amor de Deus!

"... essa novela ganha mais um capítulo na semana que vem. Será apresentado novo projeto..."

— A verdade: a vida é uma novela perigosa, não há projetos que me salvem agora — suspirou. — Afinal, onde está minha sorte? — gritou.

"... Hoje, 14 de abril, dia mundial do café discute-se a relação da bebida com hipertensão, já na casa dos 18% no Brasil."

— Só me faltava essa... Imagine se resolvem fazer campanha contra o consumo de café... — finalmente o caminhão saiu do caminho.

"... os ingressos estão à venda agora também pela internet..."

— Ouça isso minha gente! Para quê sair de casa? Até ingresso podemos comprar por essa tal Internet!

"Oito e cinquenta e nove. Voltamos amanhã, oito e quarenta e cinco. Até lá."

— Vai dar tempo... Alea jacta est!

Parada no sinal, Carmen pegou o celular na bolsa.

Pensou em ligar para Dr. Maurício. O sinal abriu, ela largou a ideia de lado, junto com o celular, no banco do passageiro.

O advogado havia pedido que Carmen chegasse cedo. Aquela audiência era final de processo, o grande momento. A dinâmica é igual para todos, um verdadeiro teatro ensaiado: espera-se no saguão até o escrivão apregoar "as partes", as pessoas envolvidas identificam-se ao juiz que pergunta sobre a possibilidade de estabelecer acordo, sem acordo, o meritíssimo pergunta se há provas "a produzir", diante da existência de provas, inicia-se o arranca-rabo, a lide, a rusga. Ao final, é ele quem bate o martelo. O magistrado dá sua sentença.

Furiosa tempestade. Transitar tornou-se ainda mais difícil. As árvores balançavam. Dançavam estilo maluco de dança, acompanhadas do vento. Os sinais de trânsito pareciam reger música inaudível aos transeuntes.

Onde estava a sorte lançada ao sair de casa? Sorte jamais inunda ruas, derruba árvores. Sorte ilumina.

As ruas estavam apagadas.

Uma nuvem de folhetos se alojou no para-brisa do carro.

Mais lufadas e aqueles papéis encontraram novos rumos.

Restou um folheto: reminiscência. Preso no canto direito, acima do limpador de para-brisa, provocava reflexão: Parar, ou seguir? O tempo poderia ser parceiro; poderia também mudar de lado. Tempo acelera; sorte muda.

Foi Carmen quem acelerou.

Palavras: "Trago de volta a pessoa amada em três dias". Impressas no folheto, essas compunham bilhete nostálgico.

Mais presságio. Certa vidente esfregava-lhe na cara futuro de solidão? Sua mente vagou confusa entre o problema da pessoa amada voltar ou não, a rádio que anunciava nove e dezessete da manhã, o trânsito parado, a chuva cada vez mais forte. O caos.

Carmen desligou o rádio. Seu coração batucava.

Pegou o celular, procurou Dr. Maurício na agenda. Mirava alternadamente: o cenário caótico composto por ruas inundadas, carros atravessados na pista, pedestres desesperados e a agenda de telefones incompleta.

O celular teve pouso forçado no banco traseiro. Nos olhos, lágrimas de desespero.

— Dr. Maurício... Com acento... "Maurício advogado"... Mau – ri – cio. Mauricio advogado, sem acento.

Carmen decifrou a desorganização da agenda, pescou o telefone. Discou.

"Caixa postal. Deixe um recado após o sinal."

— Maurício, estou presa no trânsito. A coisa está feia. Olhe, mesmo que desafogue demoraria mais meia hora. Com sorte. Nem sei se ainda tenho sorte... Me ligue. Dá para justificar o atraso? Estou desesperada.

Em voo menos agressivo, o celular foi parar no banco do passageiro; as mãos, no volante a batucar música imaginária.

Carmen ligou o rádio.

"Radar Pontal. Trânsito totalmente parado. Chove há pouco mais de meia hora. O volume é maior que o previsto para o dia todo. Já foram registrados sete acidentes na região centro-sul. Um deles envolveu duas motos e um pedestre. Ninguém ficou gravemente ferido, as autoridades pedem cautela. As ruas estão alagadas devido ao volume intenso de água."

Carmen esticava o corpo na tentativa de ver adiante. Procurava vaga. Deixaria o carro ali mesmo e seguiria a pé.

Finalmente encontrou o que procurava. Àquela altura o fato de estacionar o carro em área de carga e descarga pouco importava. Parou, pegou o guarda-chuva debaixo do banco, arrancou a bolsa de debaixo do outro banco. Correu.

Já exausta, encharcada, parou a um quarteirão do fórum; perguntava-se se havia trancado o carro. Isso importava? Também não.

Chegou com poucos minutos de antecedência.

Dentro do bolso, procurou o celular. Queria saber exatamente onde "Mauricio advogado sem acento", estava.

Foi impedida de comemorar a vitória contra o caos da cidade. O caos a vencera.

— Pu-ta que pa-riu! Onde está meu celular?

Fechou os olhos, tampou o rosto com as mãos, imaginou que o fórum inteiro a encarava.

Seguiu pelos corredores com passos apertados; precisava encontrar Maurício.

— A senhora está perdida? Posso ajudar? — certo rapaz simpático interrompeu, um pouco hesitante, aquela busca frenética.

— Ah, sim! Por favor... Dr. Maurício...

— Carmen Rodrigues?

— Sim... Já chamaram?

— Já — o rapaz respondeu com uma risada de lado. — Está atrasada, vou pedir permissão ao juiz para entrar. Talvez ainda dê tempo.

Talvez? Isso não era a resposta que ela, à beira de entregar-se à ansiedade, desesperada à espera que algo desse certo, queria ouvir.

Ele abriu a porta a poucos passos de onde se encontraram. Começara a mise-en-scène: aceno com a cabeça, movimento de lábios. O rapaz voltou-se para Carmen.

— Sra. Carmen Rodrigues. Por favor...

Ele fez sinal, Carmen se aproximou. O rapaz movimentou o braço em arco; deu passagem ao rápido devaneio de Carmen. Sua vida, desde o dia em que Pedro nascera, projetou-se como filme. Foram anos em segundos.

Da porta ela mirou Marcos com sorriso de lado, vencedor, irritante. Ao fundo, seus olhos focaram o homem de preto com ar cruel, barba branca, olhar por cima dos óculos na ponta do nariz, rosto pouco caído e o pescoço em rugas a mostrar-se livre daquela indumentária, vestido fora de moda, cheio de babados brancos.

Ao lado de Marcos, outro homem: ofegante advogado glutão, pronto para vencer aquela luta.

À frente desses dois, Dr. Maurício. Franzino.

O assento vago ao lado do advogado a censurava. Parecia ser o dono do olhar mais afiado do recinto.

Carmen foi convocada a sentar-se.

— Sra. Carmen Rodrigues? — a voz áspera do juiz interrompeu suas considerações acerca do cenário.

— Sim, sua excelência.

— Vossa... — ele a corrigiu.

— Desculpe-me. Estou...

— Atrasada. Simplesmente. Senhora... — o juiz olhou para os documentos ao alcance das mãos — Carmen. Veja bem: nós juízes tomamos variadas decisões aqui no fórum, por vezes, ou muitas das vezes, difíceis. Casos como esse nos fazem pensar qual é a decisão justa a tomar. A senhora deve saber bem quem dá a palavra final aqui. A senhora também deve saber: a pontualidade revela o interesse do cidadão.

— Sim...

— Ótimo! Então prossiga.

Prosseguir com o quê? Ela estava perdida.

— Vossa excelência, permita-me então dizer: acredito que meu marido... Quero dizer, ex-marido esteja equivocado.

— Minha senhora, o advogado deve prosseguir, a senhora, por gentileza permaneça calada. Aguarde até ser nomeada. Caso venha a ser nomeada.

Marcos fixou olhar em Carmen. Ele sorria de lado; piscou como se dissesse "já ganhei".

O juiz prosseguiu com o ritual. Perguntou sobre a existência de provas. Dr. Maurício tentou pedir perícia social, queria que verificassem as condições da família, o que Carmen oferecia ao filho. O juiz indeferiu o pedido.

Chegada a vez de Marcos apresentar suas provas o advogado prontamente sacou da pasta foto de Carmen e Clarissa no parque. No segundo plano, ao fundo, Pedro agachado no canteiro de flores.

O advogado insistia na imagem. Segundo ele, o garoto chorava, estava sozinho, largado numa praça enquanto a mãe andava de mãos dadas com... Uma mulher!

Enquanto Carmen tentava entender de onde Marcos tirara aquela foto, o advogado glutão desenterrou outra do meio da papelada. Dessa vez ele riu.

— Meritíssimo, peço especial atenção a esta imagem: nela figuram pessoas do convívio da ex-esposa de meu cliente. Ao menos conviveram durante grande parte da vida, hoje já passaram dessa para melhor. Ou, perdoe-me, devo me corrigir: há uma delas em tratamento. Deus há de salvar mais uma alma. Quem sabe duas? — apontou na direção de Carmen.

Sarcástico. Irônico. Idiota. O advogado, armado até os dentes, trazia armas artesanais, histórias confeccionadas a quatro mãos: ele e Marcos ignoraram o que existira. A história contada por eles era outra. Carmen queria falar, defender-se. Permissão para o silêncio era o que tinha.

— Podemos observar pela fotografia, meritíssimo, esta mulher convive com pessoas envolvidas com drogas, marginais, mortos pela AIDS, ou, quem sabe, pessoas envolvidas com o tráfico.

— Seja mais claro, doutor. Como pode ver isso na foto? — o juiz deu esperança a Carmen.

— Observe, Meritíssimo: essa mulher — ele apontava Sílvia, amiga de Carmen — está internada em hospital psiquiátrico.

Aquele homem grande, de voz áspera, descreveu a foto dos amigos dos pais de Pedro. No entanto, incriminava somente a mãe; ela estava em companhia de um amigo morto pela AIDS, um suicida morto por overdose de heroína e uma amiga internada em hospital psiquiátrico.

Carmen sentiu o corpo travar. Sentia a presença da solidão que já batia à porta da sala para desde já estabelecer-se na vida de Carmen.

Onde Marcos conseguiu mais essa foto?

A festa de Marcos continuou, o juiz pediu a última prova citada no processo.

Qual seria o próximo show nesse circo? Qual seria a próxima acusação? Sorte? Nenhuma. Esperança? Zero. Carmen queria que aquilo acabasse. Queria voltar para casa. Desejava que aquele cenário fosse o de um pesadelo e que logo fosse acordada para dirigir-se ao banheiro e arrumar-se para mais um dia de trabalho, enquanto Clarissa tomava banho e Pedro arrumava-se para ir à escola.

Foi então citada declaração de testemunha de nome Jocimara. Segundo constava dos autos, Carmen era também acusada de lavagem de dinheiro. Absurdo. Sequer conhecia tal pessoa. Desconhecia por onde poderia ter armado falcatruas. Ela era responsável apenas pela cozinha. Marcos sempre deixara claro: lugar de mulher é na pia, no fogão, no tanque. Tranquilizara-se com seu próprio pensamento de que o absurdo seria rejeitado pelo juiz.

Quem é a tal de Jocimara? Juiz nenhum aceitaria declarações de testemunha misteriosa. Ela agora ganharia o processo. Já sentia a solidão afastar-se quando se deu conta de que a esperança habitara apenas um mísero milésimo de segundo.

Enganara-se ao sonhar dentro do pesadelo.

O adversário insistia: Carmen lavava dinheiro. Diante de mais essa acusação, o juiz tomou a decisão final. Ele, o dono do destino. Mesmo sem a presença da misteriosa testemunha, o homem do martelo bateu a decisão no rosto de Carmen.

Procedente. Assim fora julgado o pedido de Marcos Joaquim Souza Silva.

Carmen perdera.

— O menor Pedro Rodrigues Souza Silva poderá receber visitas da mãe...

— O quê? – Carmen interrompeu.

— Carmen, calma... — Maurício tentava acalmá-la. Ao mesmo tempo, tentava se desculpar com o juiz pela reação da cliente.

— Calma? Você me pede calma?

— Carmen, você pode recorrer... — ele agora sussurrava e acenava ao juiz.

O juiz ignorava a cena. Marcos comemorava. O advogado glutão sorria vencedor.

Carmen jamais se conformaria.

A porta se fechara entre ela e Pedro. Mesmo que o filho batesse, ela estava proibida de abrir.

Pelo menos por enquanto.

3

Voltar para casa foi fácil. Difícil, Carmen pensava, seria encarar a família. Infelicidade, seu nome era Carmen. Apelido: derrota.

Carmen queria subir o elevador sem o infortúnio de encontrar vizinhos a quem deveria sorrir, fingir estar bem. Queria estar só no mundo e pensar que ficaria bem; ter certeza de que as coisas aconteciam com um propósito e acreditar que a vida ensina. Somente conseguia pensar que mensagens positivistas eram falácias de perdedores que tentam justificar o fracasso com certa noção de fatalidade. O destino que se danasse. Foda-se, destino! Carmen queria ter certeza da boa mãe que era.

Sem ter encarado vizinhos, sem sentir falta do porteiro que saíra para almoçar, Carmen subiu até seu andar, abriu a porta. Ainda sob o batente, contemplou a sala de estar. Por alguns minutos assistiu ao filme da família feliz, projetado em sua memória: filho corre pela casa agachado, empurra carrinho eletrônico sem pilha, as mães conversam sentadas à mesa enquanto na TV, cenas de cachorro-detetive que desvenda mistério com amigo magrelo após ganhar biscoitos de menina vaidosa acompanhada da amiga nerd e de amigo garanhão. Desenho animado, filho, brinquedo, mães: família feliz.

Desmantelada.

Sem coragem para entrar, ela sentiu escorrer no rosto a primeira lágrima. As mãos começaram a tremer. A boca secou. As pernas bambearam. Precisava sentar-se. Queria entrar. Não entrou. Sentou-se ali mesmo. Encostou-se no marco da porta, dobrou os joelhos, abraçou-os. A qualquer momento o ônibus de Pedro chegaria. Carmen jamais pensou em ter que arrumar as malas do filho. A melhor mãe do mundo faz malas apenas para passeios.

Por quê?

Ela chorava a culpa que nem mesmo sabia se existia. Acusava-se de ter escolhido mal, ao mesmo tempo em que tinha certeza: o sacrifício da mãe não é infinito. Há limite. Ainda assim, as letras m, a, r, c, o, s começaram a dançar em sua mente. Nem pensar...

Carmen respirou fundo.

Só queria ser uma boa mãe para Pedro... Uma mulher não pode se submeter a certas coisas. A vida de Pedro talvez tivesse acabado na convivência com o pai. Talvez acabe — maior medo de Carmen.

Carmen levantou-se. Entrou em casa, chutou e fechou a porta atrás de si. Caminhou até a janela. Observou o vai e vem dos carros. Na vidraça, escurecida pelas nuvens cinza, viu o reflexo da mulher que chorava. Abriu a janela para se livrar dela, aquela que não era ela mesma, mas sim um reflexo da ignorância, estupidez, insensibilidade de Marcos.

Ele fizera dela esta mulher perdedora, insegura.

Uma música vinda da rua entrou. Ela se distraiu.

"Cantamos de alegria ô ô ô... Dançamos de alegria ô ô ô...

Pulamos de alegria ô ô ô... Gritamos de alegria ô ô ô..."

Carmen avistou um carro estacionado à frente do prédio. O som parou. De dentro, saiu Marcos. Ele empurrou a porta, curvou-se para se olhar no espelho retrovisor. Lambeu a ponta do dedo indicador da mão direita, consertou as sobrancelhas e caminhou na direção da entrada do edifício.

— Por que esse homem está aqui? — ela se perguntou. — Já conseguiu o que queria...

Pela janela aberta, entrou vento.

Pela porta destrancada, inesperado visitante.

— Carmen?

— Marcos?

— O que você vai fazer?

— O que você faz aqui?

— Precisamos conversar, Carmensita.

— Conversar?

— Sim! Claro!

— Sobre?

— Sobre Pedro, você, nós. Precisamos falar de nós. Nossa fam...

— Espera aí! Você não é minha família.

— Claro que sou.

— Marcos, entenda: sou Sa – pa – tão! Gay. Entende isso? Sou homossexual.

— Fase, Carmen. Você só precisa se tratar. Olhe, prometo que te ajudo com isso — disse ao se aproximar de Carmen.

— Você está enganado. Isso é o que sou. Ninguém muda sua essência. Ninguém muda para o outro. Eu não vou mudar. Principalmente para você.

— Carmen, você está enganada. Vá se tratar. Pago as despesas. Faço questão de contribuir. Quero sua melhora. Ficará boa logo; procuraremos o melhor lugar para cuidar dessa... Como podemos chamar? Doença? — ele se aproximou ainda mais de Carmen.

Marcos segurou Carmen pelos braços, tentou beijá-la.

— Pare com isso Marcos — Ela se esquivou. — Você me dá nojo. Pelo amor de Deus... Não vai... De novo... Dessa vez conto pra todo o mundo.

— Olhe, sejamos práticos, Carmen — ele interrompeu. — Pago o tratamento, em pouco tempo estará melhor, ficará junto a Pedro, nós viveremos felizes. Você em casa, onde é lugar de mulher. Trabalharei para garantir o melhor tratamento para Pedrinho. Claro, o seu também será o melhor. Faço questão. Não medirei despesas. O que acha disso?

— Inacreditável...

— Não responda agora, Carmen. Pense — Marcos caminhava em direção à porta. Da entrada do apartamento apontou com um indicador, com o dedão da outra mão, indicou o quanto achava joia aquela ideia. Piscou um olho. — Ligo amanhã. Decisões jamais devem ser precipitadas. Coloque a cabecinha no travesseiro e pense, Carmensita! Mas, aqui: aquela neguinha devia dormir no sofá, não é? Essa coisa de duas mulheres dormirem juntas... E, à propósito — apontou para a gaiola de Rose — esse animalzinho... É rato, não é?

— É chinchila — Carmen respondeu sem paciência —, chega, Marcos, vá embora — e se virou de costas para ele.

— Esse bicho é meio retardado... — Marcos insistiu. — Vê se dá um jeito de se livrar dele. De retardado basta...

— O quê, Marcos? — Carmen se voltou para ele — Basta quem? — ela levantou a voz.

— Quero dizer... O síndico do meu prédio não permite animais de estimação — ele falou enquanto se afastava. Bateu a porta do apartamento.

— Retardado? Neguinha? É a... Droga!

•

Pedro entrou em casa.

— Ei mãe! Encontrei com o pai lá em baixo. Tudo bem com vocês dois?

— Filho, depois conversamos sobre isso, que tal?

— Tudo bem. Só achei estranha a cara dele. Ria sem parar. Lembra o Curinga do filme do Batman? Tinha aquele mesmo sorriso.

— Ele deve estar feliz...

— E nunca vi alguém cantar daquela altura!

— Vamos comer pizza hoje? — Carmen mudou de assunto para evitar ter que contar para Pedro o infortúnio daquela manhã.

— "Grado" demais!

— Que português... Sua professora deve adorar quando vocês falam assim!

— Pode crer!

Carmen e Pedro caminharam até a pizzaria. Almoçaram juntos. Marguerita média, o de sempre.

Do celular ligaram para Clarissa: convite para reunião familiar. Sobrecarregada, ela propôs adiar a reunião e sugeriu uma sessão de cinema. À noite, o novo Harry Potter.

Carmen e Pedro voltaram para casa. Ele entrou no quarto para estudar, ela sentou-se na sala.

Deixar Pedro com Marcos. Viver com Clarissa. Deixar Clarissa. Viver com Marcos... Tratar-se. Ir embora. Perder.

Até que ponto mães devem se sacrificar? Existe uma "melhor mãe do mundo"? Como é essa mulher? Será que ela é também amante, ex-esposa, dona de casa, empresária?

Tarde da noite, Clarissa chegou coberta de pó branco. Com as botas sujas de tinta entrou na sala pé ante pé.

— Finalmente, Clarissa. Se lembro bem, combinamos de assistir Harry Potter.

— Desculpe-me, Carmen... Pedro ficou chateado?

— Até parece que não conhece Pedro muito bem, Clarissa.

— Calma...

— Sorte dele por ter essa tal síndrome e pensar que ninguém tem maldade.

— Carmen... — Clarissa se aproximou do sofá.

Carmen levantou-se.

— Fica aí mesmo! Pelo amor de Deus! Só me faltava manchar o tapete...

— Calma...

— Por quê? Acabo de perder a guarda de meu filho, minha mulher fica até tarde na rua sei lá por que, depois de combinar sessão de filme em família. Calma... É disso que preciso, Clarissa? Você não tem a menor ideia de o que é perder um filho — Carmen gritou descontrolada.

— É melhor você se acalmar, porque já falou bobagem demais. Imagina... Você não sabe o que é perder um filho, Carmen. Você não perdeu Pedro — Clarissa suspirou. — Precisei arrumar o teto da cozinha, já estava com um "anúncio" de infiltração, você nem me ligou para falar do resultado da audiência... Várias vezes te liguei...

— Droga... Desde a hora que cheguei ao fórum estou sem celular. Deve ter ficado no carro. Estava atrasada, tentei ligar para...

— Sei que a coisa é complicada. Sei que deve estar tensa, chateada. Mas eu tenho culpa?

— Clarissa, não sei o que fazer — Carmen deixou o corpo tombar sobre o sofá. — Acredita que o maluco, idiota, sei lá o quê apareceu aqui hoje? Entrou aqui como se fosse de casa. Marcos não tem jeito.

— Como?

— Esqueci a droga da porta destrancada...

— Carmen! Cuidado. Ele fez alguma coisa com você?

— E o pior que eu vi a hora que chegou... Aquele maluco... Estou desesperada... — ela cobriu o rosto com as mãos.

— Carmen — Clarissa levantou a voz como raramente fazia —, olhe pra mim. Ele fez alguma coisa com você?

Naquela noite, as duas, deitadas, conversaram horas. Enroscadas na cama, uma na outra, tentavam desembaraçar os problemas. Dúvidas, medos, incertezas. As alegres lembranças aliviavam o receio e alimentavam o desejo de um futuro, ainda que distante daquele momento, promissor para os três. Sonharam juntas.

Talvez ainda conseguissem provar a loucura de Marcos.

— Quem sabe você dá um tempo? Descansa. Vá pra casa de Juvenal. Ele vai adorar ter você lá por alguns dias. Passar temporada na Bahia é nada mal, concorda?

— Deixar vocês aqui?

— Pense bem: Pedro vai morar com Marcos. O café ficará sob direção de Marcos. O fato é que você vai sentir... E, minha flor, infelizmente agora não há como mudarmos isso. Precisamos de tempo. Vai! Ainda tem algum argumento contra essa ideia?

Cura para homossexualidade, reconstituir uma falsa família, agressões, desrespeito. Carmen tentava descobrir a maneira de compreender, aceitar e sobreviver aos fatos; questionava se viajar não seria fugir, ao mesmo tempo argumentava ser estratégia para fortalecer-se. Talvez fosse preencher o vazio para então voltar capaz de vencer. Enquanto a fuga ainda era suposição, o retorno à vida era certo.

— De uma forma ou de outra, terei de volta o que ele me tirou — Carmen prometeu. — Amanhã converso com Pedro e depois ligo para Juvenal. Talvez seja mesmo bom ficar longe por um tempo, clarear os pensamentos. Agora, preciso dormir. Acordar num novo dia. Aliás, Clarissa — Carmen deu uma pausa.

— Que foi?

— Você podia viajar comigo... — Carmen disse diminuindo o tom de voz ao final da frase.

— Você sabe que... — Clarissa levantou-se. Saiu do quarto antes de terminar a frase.

— Clarissa — Carmen chamou da cama —, vem cá. Carmen levantou-se, foi atrás de Clarissa.

— Clarissa — chamou ainda no corredor —, espere. O que aconteceu?

— Eu sei que é difícil você entender que não posso ir com você. Desculpe-me, Carmen — Clarissa estava sentada no sofá, a cabeça jogada para trás no encosto, os olhos fechados.

— É difícil, sim. Você evita a Bahia. Jamais fala nesse assunto. Deixamos de ir para a pousada de Juvenal com Pedro porque... Sei lá, por quê. Às vezes é complicado para mim o fato de que só conversamos sobre meus problemas. Tudo nessa casa gira em torno de Pedro, Marcos, Grãos e Letras. Sei pouco de sua vida. Sei que é baiana, nada mais.

— Minha vida...

— Fale sobre o que aconteceu na Bahia, preciso entender — Carmen sentou-se ao lado dela.

— Eu preciso te contar. Quero falar... Mas entende que certas coisas são difíceis de serem faladas?

— Se entendo? Claro. Eu mesma já passei por tantas... Você pergunta isso pra mim?

— Eu sei... Por isso mesmo. Sua história é mais recente. Ainda pulsa. Está viva — ela olhou para Carmen. — A minha...

— Assim você me assusta.

— Não é essa minha intenção — Clarissa abraçou Carmen. — Fica comigo?

— Você quer dizer... Que eu não devo ir para a casa de Juvenal?

— Não é isso... — Clarissa soltou-se, segurou Carmen pelos braços, focou seus olhos nos dela. — Fica a meu lado. Já perdi muita coisa nesta vida.

— Estou aqui.

— Tudo bem, vou te contar minha história — Clarissa respirou fundo, levantou-se do sofá, caminhou até a janela. — Nasci no interior da Bahia, isso não é segredo. Meus pais eram muito pobres. Ou são... Perdi contato... Nunca mais nos falamos.

— Você disse que eles morreram; e que saiu de lá para evitar o surto de meningite...

— Desculpe-me, Carmen.

— Esquece... — Carmen levantou-se e caminhou em direção a Clarissa. — Conta a verdade agora e pronto. Só isso.

— Então vamos sentar — ela suspirou, puxou Carmen até o sofá. Sentaram-se lado a lado; olhavam para frente. — Tive um namorado. Você sabe, cobram demais da gente "com quem será que fulana vai casar?" Sempre pensei que precisava ter um namorado, mesmo sem sentir que gostava da ideia de beijar um homem. Muito menos gostava da ideia de fazer sexo com homem. Na verdade, eu sentia nojo. Muitas vezes via meus pais na cama. Morávamos em um casebre no meio do nada. Tinha sala, aliás, um pequeno cômodo onde tínhamos uma mesa velha, alguns quadros na parede, um quarto, cozinha que também era bem pequena, um banheiro, só. Éramos dois. Meu irmão, o caçula.

— Nunca imaginei... — Carmen levantou-se e caminhou até a estante. Serviu dois copos de uísque.

— Eu sei... Desculpe. Sinto vergonha de ter mentido, e omitido tanta coisa...

— Não tenha vergonha. Simplesmente conte agora. Acho que comecei a entender muita coisa... — ela disse ao entregar um copo para Clarissa e sentar-se novamente.

— Bem... Certo dia meu pai começou a insistir que eu precisava me arranjar. Dizia ser difícil sustentar quatro bocas e os mais velhos é que devem sair de casa primeiro. Foi na escola que comecei a namorar Geraldo. Era legal comigo. Entendia que eu não gostava dessa coisa melosa de namorados que se agarram sem parar. O único problema, ele queria fazer sexo. Dava para entender, óbvio. Menino, não é? Eles têm essa necessidade... Tudo bem, eu também queria. Sei lá, acho que todo o mundo quer experimentar sexo em algum momento da vida. Mas aquilo não era bem a forma como eu imaginava a coisa. Não sei! Tinha algo em mim que dizia que... Difícil te dizer, eu nunca havia experimentado. Era virgem, minha única informação a esse respeito era meus pais enroscados um no outro gemendo — suspirou, tomou do uísque, continuou. — Esperamos todos irem embora, entramos numa sala... O resto dá pra adivinhar, imagino. O resultado disso: engravidei.

— Clarissa...

Ficaram caladas. Miravam adiante.

Carmen virou-se. Enxugou uma lágrima no rosto de Clarissa.

— Quando descobri que estava grávida... Imagine meu desespero, Carmen. Meus pais eram... Ou são... Muito fechados, não entendem muito das coisas, claro, sempre viveram no meio do nada e o conhecimento que tinham vinha todo da igreja. Mas eu sempre tive esse caráter que você bem conhece.

— Durona — riram.

— É... Criei coragem e contei tudo para eles. Eu sabia: meu pai ia querer me matar. E ele quase conseguiu de tanto me bater.

— Mas e o bebê?

— O bebê parecia estar bem, porque crescia. Eu estava ficando barriguda.

— Mas ficou lá com eles? No fim das contas aceitaram?

— Não... Meus pais me colocaram pra fora, disseram jamais querer me ver de novo ou ouvir falar de mim.

— Até sua mãe?

— Até minha mãe... Saí. Fui procurar emprego. Fui parar num canavial, cortar cana direto, o dia inteiro.

— Até com barriga grande?

— Até com barriga grande...

— Mas e o... Geraldo?

— Ficou desesperado, pediu para não contar que ele era o pai.

— Imbecil.

— O garoto tinha seus motivos, pouco me importei. O pior aconteceu quando chamaram um monte de cortador de cana para ajudar numa fazenda mais distante. Juntaram todos num ônibus. Uns quarenta talvez. Teve um acidente, envolveu um caminhão também. Trinta e tantas pessoas morreram. Tive sorte... Mas o bebê...

— Clarissa... — Carmen passou o braço por trás de Clarissa. — Sinto muito, isso é...

— Triste demais. Mas não dizem que tudo na vida tem lado bom? Ou que tudo acontece por algum motivo? Não dizem que as coisas estão conectadas no universo? Acabei por conhecer Juvenal. Foi assim que coisas boas começaram a acontecer. Veja bem: o acidente foi perto da pousada de Ju. Quando ele soube, correu lá. Fui a primeira pessoa que ele socorreu. Como viu que eu estava grávida, me levou para a pousada. Ele é um amor... Sempre foi... Cuidou de mim bem demais, fiquei de cama, mas infelizmente, depois de cinco dias, acordei numa poça de sangue. Logo imaginei que o bebê tivesse morrido. Foi um choque, Carmen. Eu já havia me apegado ao bichinho... Queria o filho.

— Imagino...

— Juvenal foi muito bom pra mim, sabe? Me levou para o hospital. Ficou lá comigo o dia inteiro.

— Você estava de quantos meses?

— Difícil saber... Para mim, de seis meses. Fizeram cesariana; tentaram salvar meu filho. Era tão pequenininho... Você nem imagina.

— Você viu o bebê?

— Vi... Coitadinho... — Clarissa chorava.

— Sinto muito... Desculpe recordar essa dor...

— Imagine, Carmen — Clarissa sussurrou. Enxugou as lágrimas. — Eu precisava te contar, você é minha mulher, precisava saber dessa história — prosseguiu com voz firme. — É difícil falar nisso. Depois de desejar tanto a criança... Então, sempre quis ter outro filho. Cheguei a pensar em produção independente. Quando mudei pra cá descobri essa coisa de banco de esperma; ou adotar, tem muita criança sem família no Brasil. Imagine: Um dia perguntei a Juvenal se ele aceitaria ser o pai de meu bebê. O homem ficou doido, Carmen — as duas gargalharam —, imagine Juvenal pai.

— Nem dá para imaginar!

— Mais estranho ainda é imaginar como faríamos o bebê. Lembro o jeito dele: "Pode esquecer, amiga, comigo jamais!"

— É Clarissa... Mas olhe, não conheço alguém que consegue encarar as dificuldades com tão bom humor quanto você. Olha só: a gente acabou rindo da história — Carmen levantou-se e esticou o braço para Clarissa. Devolveram os copos à estante. — Agora vamos pra cama?

— Pedro é o rapaz mais sortudo do mundo, concorda?

— Por quê?

— Veja bem: ele tem a melhor mãe do mundo e depois lhe vem uma mãe como eu. Um garoto jamais teve tanta mãe boa assim — as duas riram e enfiaram-se na cama.

A noite longa, sem dormir, teve gosto de nostalgia, saudade antes mesmo da partida.

●

— Adorei almoçar com você hoje, mãe. Foi especial!

— Deve ser porque te amo! — Carmen provocou Pedro com cócegas.

— Cuidado! Já pensou se derrubo o sorvete?

Os dois andaram, correram pela praça, sentaram-se, conversaram. A hora de ir chegou.

No carro, Pedro abraçou Carmen.

— Você é a melhor mãe do mundo.

Carmen sorriu. Sempre sonhou receber esse título; queria ter certeza de ser "boa mãe".

— Você nunca vai embora, né mãe?

Carmen olhou para baixo. Afinal, o que significa ser boa mãe?

— O que foi, mãe?

Carmen permaneceu com o olhar baixo.

— Vai ficar tudo bem, mãe...

PARTE II

1

A noite de inauguração do café Grãos e Letras foi no verão de 2003. Encostada no canto, Carmen observava o movimento da festa. Sorrisos estavam por toda parte. Em seu rosto, o maior deles; seu sonho se realizara. Pelos ambientes do café, pessoas folheavam livros, conversavam com amigos, saboreavam deliciosas iguarias.

Marcos aproximou-se de Carmen. No ombro dela pousou a mão e no ouvido sussurrou.

— Gostou do resultado, meu amor?

Ela deu pouca importância à presença de Marcos. Continuou a admirar o sucesso.

— Minha mulher é demais mesmo! — ele riu forçado, levantando o braço em comemoração. — Viu, Carmen? Bem que eu disse que essa coisa seria um sucesso — o hálito etílico insistia na fala próxima demais. Carmen, persistente no ato de observar o que realmente, para ela, tinha valor, manteve-se calada.

— Vai ficar aí calada? — ele insistiu.

— Tudo bem, Marcos. Você quer que eu te dê algum crédito? Aqui vai: sua hipocrisia é impressionante. Você disse nada. Você não acreditou nisso. O que fez foi capitalizar um sonho alheio, porque sequer tem capacidade de sonhar seus próprios sonhos.

— Que calúnia, mulher! Sempre te apoiei. Apoio você em tudo.

Carmen saiu de perto de Marcos. Infelizmente, sabia, ainda precisaria suportá-lo.

•

Na primavera de 2002, Carmen sentia que precisava encontrar caminho por onde realizar-se. A vida de casada em nada lhe satisfazia. Precisava se livrar do controle de Marcos. Era hora de ser alguém na vida além de esposa e mãe. Considerou ter seu próprio negócio. Sentia que trabalhar pudesse dar-lhe prazer e novas perspectivas. Como o marido trabalhava no comércio, talvez pudesse contar com alguma ajuda dele para realizar o antigo sonho de montar um café-livraria. Sem experiência, não fazia ideia de que caminho tomar.

Decidiu começar por uma conversa.

— Marcos, que tal abrirmos um negócio juntos? — ela jogou suas cartas na mesa do jantar.

— Qual tipo de negócio? — Marcos parecia interessar-se por completar o jogo.

Ela contou-lhe o que há muito tempo habitava seus sonhos. Falou do café, dos livros, de eventos culturais, uma a uma expôs as cartas que há muito guardava na manga.

— Sabia... Você é cheia de ideia ruim. Pelo amor de Deus, Carmen. Quem é que ganha dinheiro com livraria hoje em dia? — ele levantou-se. Cartada final. Fim de jogo. Andou em direção à porta da rua.

— Espere, Marcos. Escute a ideia toda antes de criticar.

— É coisa de boiola, minha filha. É viadagem. — ele abriu a porta. — Vou tomar cerveja, ouvir suas bobagens vai me fazer mal. Não sei onde estava com a cabeça quando resolvi te escutar — ele bateu a porta depois de sair.

As perspectivas de concluir a conversa e de ver seu sonho concretizar-se ruíram. Finalmente havia tomado coragem de enfrentar aquele caminho, o único problema ela havia esquecido: a seu lado estava o homem que a impediria de pisar qualquer estrada que a levasse ao sucesso pessoal. Naquela noite, deitou-se com o filho. Sonhou com livros.

Ampla sala. Branca. Ao fundo brilhante luz azul tremia no rosto de desconhecido que, sentado no sofá, olhava vidrado na direção da caixa preta sobre o banco. O dono daquele rosto indistinto apontou para outro cômodo cujas paredes eram cobertas por prateleiras. Pretas. Sobre cada uma delas empilhavam-se livros organizados por ordem alfabética de sobrenome de autor. Vermelhos. O piso, mármore de Carrara, lentamente transformou-se em madeira sob os pés descalços dela. Olhou para cima, observou no teto "A criação de Adão" desvanecer-se. Diante dela, as estantes multiplicavam-se. Os livros reproduziam-se. Laranja. A sala cresceu, causou-lhe vertigem o movimento das estantes. Distanciavam-se; formavam corredor estreito, longo. No chão tapete bordado. Amarelo. Caminhou lentamente sem saber para onde ia. Temia o que encontraria ao final da jornada. Necessário seria enfrentá-la. Ainda de pés descalços agradeceu por estar vestida. Tateou a veste. Verde. Ao final do corredor, distante, esperança, em formato de janela: finalmente encontraria o mágico céu. Azul. Andou incessantemente por horas, dias, meses, anos até aquela esperança de outrora lhe dar passagem. Saltou. O mergulho terminou em infinito campo de flores. Lilás.

De manhã pensou em conversar com Marcos. Desistiu. Seria inútil tentar acordar aquele homem largado na cama. Exalava álcool. Arrumou Pedro. Tomaram café da manhã. Saíram.

— Hoje você vai passar o dia com mamãe! "Dia de Santa Carmen" tem folga. Nada de aula. Que tal?

— Santa quem, mamãe?

— É brincadeira, filho. É dia de ficar com sua mãe. Decidi que hoje quero aproveitar sua companhia. Que tal?

— Oba! Pra onde vamos?

— Preciso resolver algumas coisas de trabalho, quero que você vá comigo. Que tal? Topa?

— Claro, mamasita! Nunca te vi trabalhar. É trabalho novo?

— É filho. Quero tentar realizar um antigo sonho.

— Posso levar Rose?

— Melhor não, Pedro. Ela vai ficar meio entediada — Carmen riu para o filho, fez que passaria a mão nos cabelos dele.

— Está certo — ele se esquivou —, lá vem você querer atrapalhar meu penteado! — os dois riram em uníssono.

— Tão novinho e já tão vaidoso.

No táxi, mãe e filho partiram para aventura que era dela. Finalmente cuidaria de sua vida. Seu desejo, naquele momento, sobressaía-se ao de Marcos. Carmen não conseguiu parar de falar de sonhos, queria Pedro seu cúmplice.

— Estou aqui te contando essas coisas todas... Você é uma criança e devia estar na escola brincando com seus amigos...

— Quê isso, mãe. A gente gosta de matar aula.

— Sei! A gente gosta de matar aula, não é? — Carmen brincou, fez cócegas em Pedro. — Você está um sem vergonha — os dois riram.

— Claro que gosto. Ainda mais se é para te fazer companhia. E vou te dizer mais — Pedro tinha olhar sério — eu entendo muito bem de sonhos, porque também tenho alguns.

— Então vamos lá. Chegamos — Carmen agradeceu ao motorista, entregou-lhe o dinheiro. Saltaram do carro, mãe e filho rumo à entrada da Planejamento Empreendedor, empresa que prometia: "Soluções inteligentes para sonhos audaciosos".

Ela parou. Pedro, já na porta de entrada virou-se para trás.

— E então, mãe, vamos entrar?

— Olhe a placa na porta, filho. Ainda vão demorar um pouco para abrir.

— Estou com fome... — Pedro anunciou.

— Então enquanto esperamos o pessoal abrir, que tal...

— Pizza! — Pedro interrompeu Carmen e comemorou sua própria ideia.

— Está cedo para pizza.

— Marguerita, mamãe, nossa predileta.

— Eu sei. Mas nem deve ter pizzaria aberta agora. Que tal milkshake?

— Aí, sim, mamasita! Mas então me conta esse seu sonho? Foi assim sonho de quando a gente dorme mesmo? Ou de quando a gente fica parado e olha pela janela para imaginar e ver se tudo o que a gente quer acontece?

— Também. Quero dizer, os dois. Na verdade sempre quis ter um café-livraria — ela começou a explicar enquanto caminhavam para a lanchonete. — Imagine um lugar bonito onde as pessoas podem sentar, ler, tomar café e comer alguma coisa gostosa.

— Vai ter pizza? Milkshake?

— Não pensei no cardápio ainda! Uma coisa de cada vez. Ainda nem sei onde vai ser.

— E o nome?

— Também não...

— Claro! Se tem livro, tem letra. Comida com letras!

— Sabe que você está me dando uma grande ideia? É café, mas é livraria também, certo?

— Certo!

— Então? Com o quê que fazemos café?

— Com pó!

— É, mas e o pó, vem de onde?

— Do café?

— Pois é!

— Fazendo rima, mamasita! Então vai ser: Se quer ler, também pode comer. Se quer café...

— Nós pegamos o grão no pé!

Os dois riram. Esbaldaram-se. Divertiram-se.

Depois de tanta rima, milkshake e outras guloseimas, voltaram à empresa de planejamento, Carmen empurrou a porta. Um sino anunciou a entrada.

O silêncio engoliu a cena.

A confiança preencheu aquela mulher com a mão a apertar a do filho e com a esperança a lutar por espaço no coração tomado pela ansiedade.

Vai dar certo.

— Que mão suada, mãe — Pedro quebrou o silêncio, soltou-se de Carmen. — Você está bem?

— É ansiedade — ela cochichou —, olhe como estou tremendo — esticou o braço.

Continuaram a entrar.

A atendente sorriu.

— Boa tarde! Bem vindos a Planejamento Empreendedor. Posso ajudá-los?

— Ah... Sim... Claro... — Carmen sentiu as palavras estacarem-se.

— Fala, mãe! Conta seu sonho.

A atendente, atrás da mesa de mármore branco, sorriu para Pedro.

— Tem sonhos que deseja realizar? Tem ideias que pretende concretizar? Tem desejos que busca materializar? — a mulher interrogou Carmen.

— Sim – Carmen hesitou.

— Está no lugar certo, senhora... — a pausa da mulher pedia pelo nome da irresoluta cliente.

— Carmen — ela respondeu como se falasse para si mesma. Pigarreou. — Carmen — repetiu o nome, então mais limpo, livre de receios.

A mulher apontou. Direcionou Carmen e Pedro à porta de vidro a direita da mesa. Gesticulou, indicou as curvas, abriu o caminho.

— Coragem. O destino a aguarda.

— Com quem devo falar?

— Vá em frente, siga o corredor. Aqui, todos estão treinados para ajudar. A senhora sairá com seu sonho nas mãos. Fique à vontade.

Carmen aceitou o convite.

Depois de longa conversa com uma consultora de negócios, ela saiu de lá. Atrás de si, a porta bateu depois da leve badalada do sino. O céu, alaranjado, anunciava o cair da tarde. Pedro, cansado, queria voltar para casa.

De mãos dadas caminharam até encontrar um táxi. Na outra mão, Carmen trazia a pasta de plástico preto transparente onde, em alto-relevo, as palavras Planejamento Empreendedor destacavam-se em vermelho sangue.

•

Lenta, foi aquela noite. Pedro dormira cedo. Marcos, mais uma vez, rejeitou a conversa de Carmen sobre montar o café. Ele se jogou na cama. Enquanto roncava, exalava seu costumeiro cheiro de álcool. Carmen, encolhida no canto da cama, olhava para o teto. Às vezes, encarava o rádio-relógio. O tempo parecia ter parado.

Ainda assim, chegou a hora de se levantar.

Depois de ajudar o filho a se arrumar, servir o café da manhã, preparar-se para sair, Carmen, da porta do quarto, observou Marcos. Espalhada na cama, estava a imagem de o que jamais ela gostaria de ser: largada, infeliz, mal cuidada. Pegou a pasta preta; seu sonho ela colocou debaixo do braço e saiu de casa com Pedro. Ele cantarolava seu gosto pela escola. Ela sentia uma mistura de sono, cansaço, entusiasmo. Às vezes cantava, outras deixava o pensamento correr em seus devaneios oníricos. Nada a impedia de sonhar. Soube exatamente o que fazer depois da caminhada até o portão da escola de Pedro.

De táxi chegou à região comercial da cidade.

Andou sem rumo até notar que estava do outro lado da rua de uma enorme placa: Aluga-se. Uma antiga, tradicional casa da região estava disponível. Por algum momento perdeu-se nos pensamentos, mirava o imóvel. Percebeu que as coisas compunham-se. Tinha um plano de negócios, um "quase-nome" e agora o local. Faltava-lhe pouco. Então tomou a decisão: naquela casa, teria seu café-livraria. Grãos e Letras? Perguntaria se Pedro gostava do nome. Mas não sem antes da bolsa sacar a caneta e na primeira folha da pasta anotar o telefone da imobiliária.

Ou talvez fosse melhor não perder tempo. O nome poderia ser decidido depois, o problema era o movimento na casa. Precisava agir. Dali mesmo telefonou. Do outro lado da rua fingia estar distante, mas o sentimento era verdadeiro, seu interesse não era disfarce. De onde estava podia vigiar as gravatas num vai e vem frenético dentro da casa. Uma delas, sem dúvida, deveria pertencer ao corretor dono da terrível notícia. Talvez então fosse uma grande bobagem telefonar. Uma mulher de negócios? De onde tirou essa ideia, afinal? Não poderia ser. Enfrentar um bando de ternos Armani experientes, bem colocados no mercado e com os bolsos cheios. Por outro lado, uma das gravatas poderia ser do homem que lhe transmitiria boas novas. Daquela distância jamais poderia saber o que eles negociavam. Conhecia, e não tinha dúvidas, seu desejo de estar dentro de um daqueles paletós. Carmen queria falar ao corretor: não importava a negociação, ele estava enganado. Ali era lugar para café-livraria. Nada mais.

Telefonou.

Solicitou visita.

Homens de colarinho e gravata não a intimidariam.

— Em poucos minutos estarei aí — empolgada, lançou as palavras com tanta força que temeu ser escutada fora do celular.

Os minutos, usou para acalmar-se.

Em vão.

Sentia a jugular pulsar quando entrou na casa. Em sua imaginação, já podia ver mesas e clientes. No centro de cada uma das mesas, imaginou um vaso com flores secas, sempre-vivas. Caminhou por entre as mesas imaginárias. Admirou livros nas estantes de madeira, encostadas às paredes. Sonhou acordada. À esquerda daquele cômodo, havia outro, onde também colocaria mesas, estantes, livros. À direita, mais um cômodo para seu café-livraria. Já ouvia o tilintar dos copos, cheirava o café, sentia a presença de clientes. Carmen, ouvia, cheirava, previa o que ainda seria realização de seu sonho.

— Qual é seu plano de negócio?

— Café-livraria — ela foi breve.

— Caso aquele pessoal não se decida, é seu — o corretor foi seco. — Venha. Vou lhe mostrar a cozinha e o escritório.

Passaram pela porta vaivém depois de Carmen olhar pelos vidros redondos a cozinha branca, espaçosa, bem montada. A entrada de serviço alimentou a imaginação: caixas de café por ali entrariam apoiadas nos ombros de entregadores. Caixas de livros, caixas de mantimentos. Caixas.

— Está em quase perfeito estado. A localização é ótima, o valor do aluguel está invejável — ele deixou as portas se fecharem. — Foi toda reformada.

Continuaram a visita.

No escritório, o espaço abrigaria duas pessoas com conforto. De um lado armários, do outro, mesa de madeira provavelmente construída sob medida para aquele escritório. Atrás da mesa, janela ampla com vista para a rua. E ainda havia espaço para mais um administrador, se isso fosse necessário.

Carmen terminou a visita com um aperto de mão do corretor. Desejou que o pessoal de terno italiano desistisse, ou quem sabe arrumasse coisa melhor. Saiu de lá com o pensamento nas estantes de livro, na máquina de café, no escritório montado. Segurou seu sonho, apertado contra o peito, dentro da pasta. Faltava apenas descobrir como lidar com Marcos.

Como para isso não havia receita, improvisaria.

Em casa, guardou a pasta; seu sonho ficou dentro do armário.

Enquanto, ansiosa, esperava pela ligação do Sr. Corretor, à tarde, tentou conversar com o Sr. Marido.

— Carmen, coloca nessa cabecinha oca que café-livraria é a pior coisa que você pode querer fazer. Ninguém compra livro. Ninguém toma café fora de casa.

— Como assim, Marcos? Claro que pode dar certo. Há tantas que já são um sucesso. Pessoas fazem reunião de negócios, encontram amigos, levam seus computadores. Olhe, há até escritores que concluíram livros em locais como esse.

— Você vai insistir nisso? Nem sabe por onde começar, tenho certeza. E eu não sei por que ainda estou aqui te ouvindo.

— Marcos, você está enganado. Primeiro porque já sei inclusive onde será; segundo porque isso não é bobagem.

— Então anda fazendo as coisas sem me consultar?

— E eu preciso te consultar?

— Preste atenção: você é minha mulher e, portanto, deve satisfação. Precisa, sim, me consultar. Sempre precisou. Parece que está louca. Esqueceu quem manda aqui? Além do mais, onde vai arrumar dinheiro para isso. Ou pensa que vai conseguir as coisas sem pagar por elas? Acha que seus belos olhos farão milagres?

— Nojento...

— Minha querida, dinheiro é o que move o mundo. Você tem nada. Você, Carmen, está aqui... — o dedo indicador de uma das mãos batia na palma da outra. Ele ria; parecia sentir-se no controle.

Ela pensava que talvez ele estivesse.

•

Poucos dias depois, Carmen decidiu procurar o corretor. Deixou Pedro na escola e foi até a casa. A placa da imobiliária havia sido removida. Temeu ter sido atropelada por italianos. Desconfiou que seu sonho tivesse sido jogado por água abaixo.

No celular, conseguiu encontrar o número para o qual havia discado há uma semana. Chamou sem ser atendida. Viu um homem entrar na casa. Tinha pouca lembrança da fisionomia do corretor. Apenas desejava que fosse ele. Sem hesitar, atravessou a rua.

— Bom dia, senhor — gritou do portão. — Estive aqui semana passada — continuou quando ele se virou para ela.

— Claro! A senhora é a proprietária do café-livraria.

— Futura proprietária.

— Tentei encontrar o número de telefone para falar com a senhora e percebi que estava sem seus dados — explicou-se enquanto tentava empurrar o portão para Carmen. — Que bom que veio. Pena que não consigo abrir isso aqui. Eis sua oportunidade de pedir desconto.

— Tentei ligar na imobiliária.

— Fechou. Abriu — ele puxou com força o portão.

— Como? Abriu ou fechou? — Carmen riu.

— Fechou. Problema na família do dono. Mas o portão eu abri, precisa arrumar. Vamos, entre — riu. Carmen entrou. — Sabe como é...

— A casa...

— Ainda está para alugar. Precisa negociar diretamente com o proprietário. Nem sei em que pé estão as coisas com o pessoal...

— Os italianos... — Carmen o interrompeu, desanimada.

— Se são italianos, não sei. Mas que se vestem com uns ternos bonitos, isso sim! — riram juntos. — Parece que pretendem montar uma lavanderia. Mas bem... Vim buscar material que deixei aqui. Estou com tempo hoje, posso te ajudar nessa negociação. Vou lhe dar uma dica, senhora...

— Carmen.

— Podemos abaixar o preço do aluguel.

— Por que o senhor faria isso por mim?

— Gostei da senhora. Além do mais, essa casa tem mais a ver com café-livraria — os dois riram juntos. — Às vezes ajudamos simplesmente porque sentimos que a pessoa merece. Ou como minha mãe dizia: pelos belos olhos do freguês.

— Nesse caso, agradeço a ajuda e o elogio. Vou assumir que é pelos meus belos olhos — ela ria sem saber como disfarçar tanta alegria. Lembrou-se de Marcos; pensou que o sonho estava perto de se realizar, independente da má vontade dele.

Afinal de contas, seus olhos eram sim uma ajuda. Talvez nem tanto milagrosos, mas e daí?

Aquilo era apenas o começo.

•

Negócio fechado. O corretor revelara problemas de infiltração que haviam sido "maquiados". Depois da gambiarra descoberta, o proprietário ficou sem alternativa. Carmen conseguiu excelente preço no aluguel. Apenas precisaria do dinheiro para iniciar as obras. Acreditou que, ao ver o projeto, Marcos cederia, entraria no negócio.

Os números o convenceram.

— Se esse estudo estiver certo, Carmen, ficaremos bem na fita.

— Pensei em pegar empréstimo.

— Pra quê?

— A gente precisa fazer reforma, comprar mobília, máquinas...

— Minha querida, você esquece que sou o grande Marcos. Marcos Joaquim Souza e Silva. Deixe comigo. Tenho a grana que você precisa. Já te disse, querida, você está aqui em minhas mãos.

— Não acredito...

Ele riu.

— Marcos, não acredito que esse tempo todo você... Deixa pra lá. Não adianta discutir.

— Não adianta mesmo. Aqui é assim: ou você faz do meu jeito, ou... Se vira Maria!

— O tempo todo que precisei de dinheiro para cuidar de Pedro... Fiquei em filas para conseguir remédio no posto de saúde; poderia ter comprado.

— Vou repetir: é do meu jeito. Eu te dou dinheiro, mas só quando eu quiser e para o que eu quiser.

•

A reforma foi rápida. A decoração ficou impecável com as estantes de madeira cobertas de livros e as mesas redondas enfeitadas cada uma com um vaso de flores sempre-vivas. O Grãos e Letras estaria pronto para seu grande dia, não fossem as chuvas de verão. As constantes tempestades e inundações provocavam estragos na cidade e a velha casa dos sonhos de Carmen também sofria com as águas. Ela tentava ajudar; Marcos insistia que aquilo era assunto de homem. As infiltrações, graves, deterioraram uma das paredes do salão principal e o teto da cozinha. A pedido de Marcos, amigos pedreiros disfarçaram o estrago e a inauguração aconteceria no tempo previsto.

A estiagem de dois dias contribuiu. Teria sido sorte?

— É como eu sempre digo: seu querido Marcos sabe o que faz, Carmensita. Ande sempre comigo; vem atrás que você se dá bem.

Na hora da festa, a chuva voltou a incomodar. Seria agora sinal de que a sorte mudara?

Água escorria pela parede do salão principal. A tinta derretia. Desastre.

As estantes foram poupadas, algumas mesas sofreram com a garoa vinda do teto. Carmen, extremamente envergonhada com a situação, puxou Marcos para dentro do escritório.

— Sabe o que faz? Então o que pensa que vai fazer comigo agora, Marcos? Só porque o dinheiro é seu, você se vê no direito de acabar com minha reputação?

— Que reputação, minha filha? Você é ninguém.

— Essa gente aí fora está aqui por quê? Para ver você? Um bebum?

— Me respeite, mulher.

— Respeito coisa nenhuma. Você que se dê o respeito primeiro. Olhe sua cara. Bebe sem parar. Seu filho, coitado, deve morrer de vergonha do pai que tem. Anda, diz, por que você fez isso comigo? Disse que arrumaria a infiltração.

— Você é mulher. Entende nada de negócio.

— Você é imbecil. Nem o portão emperrado você arrumou. Disse que seria a primeira coisa...

Marcos levantou a mão para Carmen que, imediatamente, se afastou; saiu do escritório. Trombou em Juvenal.

— Juvenal, pelo amor de Deus, por que fui casar com esse maluco?

— Calma. Sabia que estaria estressada, querida. Trouxe aqui esta taça de vinho e este cartão.

O vinho, Carmen bebeu. O cartão, leu com bastante atenção:

Reformas em geral.

Desabou, estragou, descascou? Arrume logo.

Sabe como? Ligue: 3555-8080

— Quem é essa pessoa, Juvenal?

— Liga para o número, querida, depois me conta. Você vai se surpreender. Ai, adoro! — ele prolongou a sílaba "do" e deu um tapinha no ombro de Carmen.

— O que faço com esse homem?

— Esqueça, minha flor. Ele vai sair de sua vida. Você merece coisa muito melhor. Olhe ali seu filho, que lindo! Conversa com todo o mundo. Cuida dele, paixão.

— Obrigada, amigo. Só você mesmo pra se arrancar da Bahia para uma inauguração de um café que nasceu detonado.

— Meu bem, xô pessimismo! Ai - meu - Deus! Dá pra colocar um pouco de esperança nesse coraçãozinho?

— Difícil...

— Faça isso, minha flor, por seu filho. Vamos, vá curtir seus convidados que estão numa boa. Depois você liga pra essa figura do cartão. Sua vida vai mudar. É difícil arrumar horário; era a pessoa mais requisitada na Bahia, pena que saiu de lá... Agora fico na peleja quando preciso. Tenho certeza: vai dar certo, eu sinto as boas "vaibes" — os dois riram juntos.

— Só você pra me fazer rir numa hora dessas.

●

Final de festa. No canto do salão principal, Marcos, bêbado, dormia. Carmen, com o braço esticado e a mão aberta, tampava a lamentável cena do homem com a cabeça largada sobre a mesa. Ela admirava o Grãos e Letras.

No escritório, chamou um táxi, acordou Pedro que dormia na poltrona, guardou o cartão na gaveta. Os dois foram embora; deixaram Marcos. Ela partiu decidida.

Dentro do táxi, o motorista diminuiu o volume do rádio. Carmen pediu que aumentasse. Ela queria ouvir Elis Regina cantar.

"A esperança equilibrista sabe que o show
de todo artista
tem que continuar..."

— Amanhã ligo para a tal pessoa.

— Como é, senhora? — pelo retrovisor, o motorista olhou para Carmen.

— Nada não. Só estou alimentando minha esperança.

2

1989. Carmen arrumava-se para a festa na casa da amiga Jey enquanto lembrava-se da turma. Jey jamais revelou seu nome e sempre pedia aos professores para usar o apelido na lista de chamada. Sílvia era misteriosa, calada, soturna. Ricardo e Otávio, matadores de aula; Carmen, amante de ópera. Grandes amigos, os cinco não se largavam.

Carmen chegou cedo. Boquiaberta, enquanto entrava, admirava o exagero da família da amiga. Tudo era grandioso. A casa, uma das maiores da região, recebia os convidados com um enorme gramado. Pequenos postes faziam o caminho que levava à piscina. Na água azul, boiavam balões japoneses, uma mistura de branco com vermelho e mais luz. Uma cascata fazia a trilha sonora acompanhada de música ao vivo:

noite tropical em pleno centro urbano. Para compor o ambiente eclético, mesas ocupavam um salão de vidro, mantas vermelhas escorriam delas até o chão por debaixo de vasos de vidro com rosas brancas. As cadeiras, de metal envelhecido, aguardavam a multidão que certamente invadiria o território trazendo consigo bebidas e alimento arrematados no caramanchão que abrigava, debaixo de suas ripas coloridas por buganvílias de um lilás vibrante, toda espécie de frutos do mar. Cascatas de camarões, lagostas, conchas ainda povoadas por suas ostras vivas deitadas em gelo, casquinhas de siri uma ao lado da outra desenhando a onda de um mar imaginário e uma esplendorosa panela de barro que borbulhava uma paella sentavam em uma comprida mesa ao lado do bar a espera de seus devoradores. Coberto por frutas tropicais que comporiam os drinques dos convivas, o bar abrigava, entre o balcão de frutas e uma parede coberta pelas mais diversas garrafas alcoólicas, um homem inquieto, já em pleno espetáculo. O malabarista de garrafas criava bebidas para os madrugadores de festa, os poucos que cedo aproveitariam a exuberância de uma pequena reunião entre amigos. Carmen gostava da amiga, mas era difícil discordar dos vizinhos quanto ao despropósito das constantes festas. Nos arredores, a família era conhecida por "burgueses fétidos", alcunha nada carinhosa que Jey e seus pais, sem rancor algum, carregavam.

— Meu Deus! — Carmen se assustou com a mão colocada em seu ombro.

— Assustou? Pensava em que, amiga? Coisa errada, só pode ser... — Jey brincou.

— Distraída... Pensava na vida, inspirada por tanta luz.

— Vem, vou te servir uma bebida. Aproveita! Meu pai comprou só coisa de primeiríssima qualidade. É engraçado: minha mãe fica super nervosa quando ele faz as compras, morre de medo do velho. Ela acha que ele vai gastar demais. Quer dizer, minha mãe tem medo de perder tudo o que tem.

— Mas eu não entendi o motivo dessa festa. É exagero, não?

— Ah, sei lá! Eu queria apresentar pra turma o tal carinha de quem eu te falei. Meu pai aproveitou e chamou o pessoal que ele conhece. Daí ficou assim, essa festona toda.

— Precisa mesmo que seus amigos endossem sua paixão?

— Os meninos são muito críticos, Carmen, só quero apresentar o cara. Ah, sei lá! Vai que ninguém gosta dele, ou ele é meio doido e eu fico sem meus amigos. Estou super amarrada nele. Você acharia estranho se eu te dissesse que tenho um pressentimento? Nós vamos nos casar. Tenho certeza.

— Não acho estranho. Você é determinada. Faz de tudo para ter o que quer. Isso não é pressentimento.

— Bem, é verdade. Mas eu juro que posso até me ver de mãos dadas com Marcos. Nós dois velhinhos.

— Mas, Jey, você está mesmo apaixonada por esse cara?

— Claro. Por quê?

— Eu pensei que você fosse...

— Olhe lá, Carmen! Aí vem meu futuro marido — Jey cutucou Carmen.

— De onde você conhece esse cara?

— Da noite... Sei lá! Isso interessa?

— Pois é, eu estou surpresa porque, achei que você gostasse de... Você sabe... Achei que fosse sapa...

— Qual é, Carmen? Sei de nada! O que você está querendo insinuar?

— Pensei que estivesse a fim de Sílvia.

— Ficou louca?

— Sei lá... Você evita falar da noite em que assistiu filme com ela. Pra mim vocês tiveram alguma coisa. Ela não para de olhar pra você.

— Se for porque ela não para de olhar, então você também deve ter tido alguma coisa com ela. Ela te encara o tempo todo. Agora fica quieta que ele está vindo aí. Para de falar bobagem. Gostar de mulher?

— E tem algum problema?

Carmen pouco importou com o "futuro marido" de sua amiga. Jey, se pudesse, teria estendido tapete vermelho.

Ele se aproximou com os olhos vidrados em Carmen.

— Boa noite, moças! — ele se curvou diante de Carmen.

— Boa noite, Marcos! — Jey, sem hesitar, entrou na frente de Carmen; queria usufruir do cumprimento dispensado à pessoa errada.

— Quem é essa sua linda amiga? — Marcos, inutilmente, insinuou-se; Carmen o ignorou.

— Carmen... Essa é Carmen. Vem comigo; eu te sirvo uma bebida — Jey virou-se, piscou para a amiga como se pedisse cumplicidade, segurou no braço de Marcos, saiu em direção ao bar. Praticamente arrastou o convidado.

— Festa estranha com gente esquisita... A música da noite — Carmen riu sozinha, resolveu girar, tentar interagir com outros convidados.

Encontrou Sílvia no canto. As duas observaram Ricardo e Otávio por alguns instantes. Os dois amigos pareciam estar na dúvida entre segurar o copo, o amigo, ou tentar ficar em pé. Algumas vezes, tentavam não cair na piscina. Carmen deixou Sílvia. Andou mais um pouco por onde encontrou madames e seus pares em vestimentas para além do formal. Vestidos longos, saltos, ternos, gravatas e joias, nada disso parte de seu costumeiro contexto. Sentindo que sobrava naquele ambiente, resolveu ir embora. Mas não sem antes despedir-se das amigas e do "futuro marido" da anfitriã.

Jey, Sílvia e Marcos estavam no bar.

— Meus queridos, estou exausta. Vou pra casa — Carmen anunciou.

Ricardo e Otávio apareceram.

— Ouvi alguém dizer que vai embora? — Otávio aproximou-se.

— Estou cansada... — Carmen colocou o braço sobre o ombro do amigo.

— Não sem antes visitar o paraíso, mon'amour — Ricardo riu, mostrou uma lata e um cachimbo.

— Vocês são malucos? Se meus pais encontram vocês com isso, acaba a festa.

— Fica tranquila, Jeyzinha. — Otávio estendeu a mão à amiga. — Vamos lá, galera?

Todos seguiram Ricardo que puxava Jey pelo braço até um quarto de despejo, nos fundos da casa.

— Já estudamos a área. Aqui é limpeza — Otávio garantiu.

— E o que é isso?

— Jeyzinha, isso é seu ticket, my dear.

— Querida, isso vai te levar a lugares que jamais imaginou existir! — Ricardo entrou na frente de Otávio; tentou explicar a viagem.

— Skunk, supermaconha! Isso é o canal — explicou Otávio.

Marcos esperava do lado de fora do quarto. Carmen e Sílvia assistiam à cena em pé, encostadas ao marco da porta.

— Eu vou nessa, gente — Carmen deu as costas ao "paraíso" dos amigos.

— Ei! Espera aí "dona Carmen de Bizet"! — Ricardo gritou à amiga — Vem tirar foto com a gente. A turma no paraíso!

— Deixe pra lá... — Carmen tentou escapar do registro.

— Porra! Eu sei que você não curte essa onda, mas você curte a gente, e nós, cara, gostamos demais de você, apesar de ser meio nerd caretona.

— Está certo, Ricardo. Vamos lá. Você tem razão, essa foto sem mim vai ficar muito sem graça — Carmen riu e juntou-se aos amigos.

— Pega essa máquina, irmão. Faz uma para cada um — Otávio esticou o braço na direção de Marcos que, depois de estudar o funcionamento da Polaroid, registrou a versão dos garotos de o que seria o paraíso.

A brincadeira do momento, para Carmen, era loucura. Os garotos deliravam com cada tragada no cachimbo. Sopravam a fumaça um na boca do outro, revezavam, como se passassem adiante um pouco da loucura em um beijo defumado por erva da amizade. Eram camaradas. Otávio, Ricardo e Jey, abraçados, anunciavam a eterna amizade. A inexplicável loucura dissolvera-se nos vapores aromatizados e Jey dançava, entoava notas dissonantes, cambaleava, já não se importava com o homem que mal conhecia. Os dois amigos, erotizados pela droga, envolviam a frágil e alucinada figura feminina em um sanduíche: homem, mulher, homem. Sílvia, inerte, assistia sem emitir sequer um ruído, inexpressiva, embarcara em seu próprio sonho e distante guardava a porta. O estranho levantara voo, desabitara o ninho depois de largar máquina e fotografias no chão.

Carmen abandonou a cena levando consigo uma das imagens.

Em casa, a fotografia Polaroid ela prendeu com ímã de coração ao quadro de metal escuro e fosco na parede de seu quarto. O rosto, ela lavou na pia do banheiro. Olhou-se no espelho.

— Sílvia interessada por mim? — ela murmurou examinando o reflexo. — Deve ser viagem daquela maluca da Jey. Sapatão. Será? Se ela gosta de mim, então eu sou... Será que tem problema gostar de mulher?

3

Poucos dias depois da festa, Carmen foi à inauguração da rádio comunitária de Roberto. Era a realização do sonho do amigo. Um garoto da comunidade Aglomerado São Jorge tinha tanta probabilidade de conseguir realizar sonhos quanto um peixe tem de vencer o homem do outro lado do anzol. Contrariando as probabilidades, Roberto vencera. Para orgulho da mãe, estudava medicina; para alegria da comunidade, estava prestes a inaugurar o projeto que pretendia proporcionar cultura, conhecimento e diversão para o povo esquecido na vila. Carmen talvez jamais sentira tanto orgulho de um amigo.

Sem conhecimento algum de transmissores, fios, eletricidade, ela ainda assim ajudou: segurou cabos, verificou luzes e testou o som. O amigo radialista amador transmitiria da praça o programa de estreia e queria a participação de todos. Conseguiu. A comunidade em peso reunira-se para decorar a festa. Bandeirinhas foram recortadas de papel colorido e de jornal, cada um levou de sua casa uma mesa e cadeiras, garrafas de refrigerante e latas de cerveja misturavam-se a pedras de gelo em um latão encostado ao muro onde copos e canecas foram enfileirados. Os salgadinhos foram feitos na véspera por moradores que iniciaram a comemoração na cozinha da escola; homens e mulheres enrolaram, fritaram, assaram salgados e confeitaram um enorme bolo que carregaria velas, não de aniversário, mas de agradecimento ao grande amigo Roberto.

Carmen admirava a multidão amiga.

A rádio estava pronta para o primeiro programa.

— Carmen? — ela escutou seu nome pronunciado em voz masculina.

Virou-se. Mas foi difícil identificar no meio de tanta gente o dono da voz.

— Carmen? — a voz aproximara-se. Ela se assustou com a mão que pousou em seu ombro. Demorou apenas alguns segundos para identificar Marcos atrás dos óculos ray-ban. Era ele, o "futuro marido" da amiga Jey.

— Marcos? — quis se certificar.

— Sim... — ele sorriu com ar malandro, olhava Carmen por cima dos óculos.

— Que bom te ver! — ela gritou para certificar-se de que ele a entenderia.

— Bom estar aqui! Eu queria te encontrar de novo. — ele gritou de volta.

— Veio com a Jey?

— Não... Ela não deu conta. Ficou triste demais com a história. Você não soube?

— Soube o quê?

— Otávio — Marcos gritou no exato momento em que a música parou. Sua voz ecoou.

— O que tem o Otávio? — dessa vez Carmen falou mais baixo.

— Carmen, o Otávio morreu.

No chão mesmo, ela se sentou, apoiou os cotovelos no colo e segurou o rosto. Por alguns instantes ouviu nada senão sua respiração acelerada que seguia o tempo marcado pelos batimentos do coração. Sentiu as lágrimas que lhe escorriam pelas bochechas. Marcos agachou-se ao lado dela.

— Isso não é hora para esse tipo de brincadeira — Carmen pronunciou com dificuldade as palavras que escapavam por entre os dedos.

— Isso infelizmente não é brincadeira — A música voltou a tocar e Marcos a gritar. — Vamos ali. No canto a gente conversa melhor. Levante-se, te ajudo.

— Vou ficar aqui mesmo, Marcos — ela gritou. Levantou-se e se virou para ver Roberto.

— Quero conversar mais com você. Desculpe-me a falta de jeito para dar a notícia.

— Tudo bem... Eu não sabia... Estava aqui ajudando Roberto.

— Então vamos sentar ali?

Carmen pensava na amiga Jey. Perguntava-se de onde saiu o interesse por aquele homem. Ela queria evitar julgá-lo, mas sentia que algo estava errado. Preferia não se afastar com ele.

— Vamos? — ele insistiu.

— Não sei — respirou. — Tudo bem... Rápido... Só para você me contar essa história.

Carmen e Marcos sentaram-se no muro para continuar a conversa.

— Otávio foi encontrado morto no quarto — Marcos repetiu a má notícia. — Ao lado da cama havia uma seringa, isqueiro, colher, folha de papel alumínio e vela. A mãe dele encontrou, debaixo da cama, uma carta. Foi overdose de heroína. Pelo conteúdo da carta: suicídio. Overdose proposital. Deve ter escrito a carta enquanto viajava, porque segundo Jey, escreveu que queria ir mais longe na viagem. Ainda fez um breve testamento, caso "perdesse o trem da volta". Maluco esse seu amigo...

Carmen, por um lado, queria duvidar de Marcos, afinal era estranho à turma, por outro, acreditava nele; ninguém inventaria tal história.

Ela chorou.

Com o dorso das mãos, Marcos secou as lágrimas de Carmen.

Carmen manteve-se atenta, ainda que de longe, ao trabalho de Roberto. Percebeu o amigo agitado entre fios, botões, ouvintes. Sentiu-se malabarista de circo; tentava equilibrar os dois momentos em um complicado jogo. Queria ajudar Roberto ao mesmo tempo em que se perdera na conversa com Marcos.

Carmen de repente soube o que dizer.

— Marcos, Roberto está perdido ali. Preciso ajudar. Um dos técnicos faltou. Acredita que ele pesquisou o equipamento todo? Até fez uma lista para eu ajudar — Carmen tirou do bolso um pedaço de papel — e me explicou o funcionamento de tudo: transmissor, amplificador, computador, mesa de som, microfone...

— E quando é que eu posso te ver de novo — Marcos interrompeu. — Gostei de conversar com você.

— Depois... Vamos ver... Combine com Jey, eu falo com Roberto.

— Esse cara é seu namorado?

— Imagina.

— Esquece a Jey. Que tal nós dois sozinhos?

Marcos olhou Carmen nos olhos. Aproximou-se para beijá-la. Carmen virou o rosto.

Levantou-se. Saiu.

— Amiga, estou uma pilha! — Roberto se jogou nos braços de Carmen.

— Roberto, a festa está ótima. Olha como as pessoas estão curtindo. A única coisa ruim foi a notícia que o tal do Marcos trouxe.

— O que houve?

— Deixa pra lá. Você precisa se concentrar na festa.

— Bobagem. Posso sentir sua tristeza daqui.

— Foi o Otávio... Ele se suicidou. Overdose.

— Que coisa... Aquele seu amigo era meio doido. Sinto muito, Carmen.

— Mas não vou pensar nisso agora. Vamos curtir a festa e estou aqui para te ajudar.

— Tudo bem. Se precisar conversar mais sobre isso nos falamos depois, também estou aqui para te ajudar, sempre — Roberto abraçou Carmen. — Agora me diz: gostou da minha ideia? Fazer rádio ao ar livre foi complicado, principalmente sem meu técnico de som. Tenho a impressão de que não fiquei tão nervoso nem quando contei para minha mãe que sou gay.

— Duvido — riu do amigo. — Aquele dia foi um estresse total. Lembra que sua mãe nem sabia o que é ser gay?

— Verdade... Ela queria me prender em casa porque pensou que eu fosse algum tipo de garoto de programa.

— E pensava que você iria se transformar em menina.

— É mesmo... Disso eu tinha me esquecido. Imagine... Como se... Puf! Sou gay, vou virar mulher — os dois riram em uníssono. — Eu tenho que voltar lá. Por São Jorge, amiga! Jura que está tudo legal?

— Juro. Vai tocar a minha?

— Será? Ah! Fazer o pessoal apreciar Bizet seria a glória! Mas não dá, amiga. Quem é aquele ali?

— Amigo da Jey. Meio estranho. Depois te conto. É o tal do Marcos.

— Então você é o dono da festa? — Marcos aproximou-se.

— Sim, Roberto — ele estendeu a mão para cumprimentar Marcos.

— Esse é Marcos — Carmen fez a apresentação.

— Namorado da Jey? — Roberto piscou para Marcos. — Gatinho... — sussurrou para Carmen. — Foi um grande prazer, mas tenho que voltar para a mesa e os botões. Tchau, tchau! — mandou um beijo para cada um.

Roberto saiu acelerado.

— Ele é boiola, não é, Carmen?

— Marcos...

— Qual o problema?

— Isso é jeito de falar? Que horror... Achei que você já tivesse ido embora — Carmen se virou para sair.

— Ei! Calma... — Marcos segurou no braço dela — não tenho preconceito, desde que não mexam comigo.

Seu amigo parece ser legal — ele piscou para Carmen. — Mas eu gostei de você. Vim buscar o beijo que me recusou ali atrás.

4

Cinco meses depois, Carmen, em pé à porta da igreja, observava o padre que aguardava para iniciar a cerimônia. Sua batina reluzia como roupa que passara à tarde ao sol para realçar o branco que um dia tornara-se amarelo pelo uso. Os cabelos cinza denunciavam a idade. As marcas de expressão davam-lhe certa sisudez, ou, por outro lado, eram resultado dessa seriedade. Por vezes iniciava um andar vai e vem: ansiedade da demora.

A igreja inteira aguardava.

Todos esperavam por Carmen.

O noivo, com terno risca de giz, sapatos novos, camisa branca, também andava de um lado ao outro.

Carmen, parada, congelada pela incerteza de estar pronta a encarar o interior da igreja, não movia um músculo sequer. Fitou os penteados, as carecas a brilhar e refletir olhares jocosos, e a visão do homem com o qual se casaria. As imagens banhadas pelo aroma adocicado dos convidados a amedrontavam. Deu um primeiro passo em direção ao tapete vermelho. Recuou.

Recordou sua história.

•

Depois que estiveram juntos na festa de inauguração da rádio comunitária de Roberto, os encontros de Carmen e Marcos tornaram-se frequentes.

— O que é do homem o bicho não come, minha amiga Carmen. Se esse tiver de ser meu, você pode até casar com ele...

— Jey, você tem certeza? Posso sair com Marcos?

Dividida entre a amizade e os insistentes galanteios, Carmen acabou por decidir entregar-se a Marcos. Depois de infindáveis convites para passeios em hotéis-fazendas, ou para sessões de cinema, ela cedeu. Da primeira vez que saíram juntos, o jantar foi à luz de velas, o vinho francês, e a conversa envolvente. Marcos revelou-se sujeito inteligente, agradável e bastante gentil. Mostrou-se um amante das artes e levou Carmen a museus e exposições. Envolvida, aceitou conhecer a casa que Marcos prometera: seria da família que construiriam juntos; teriam três filhos e felicidade eterna.

Na sala de estar, pendurado à parede, um varal segurava fotos de todos os passeios. A mesa estava preparada com velas ao centro. O som tocava uma música praticamente inaudível. Carmen girou a observar o cenário. Marcos a segurou.

— Vamos ao quarto? — ele sussurrou. — Que tal se o jantar fosse minha sobremesa?

— Não, Marcos...

— Fique tranquila. Relaxe... — ele segurou mais forte e conduziu Carmen pela sala.

— Marcos, hoje não. Quero te conhecer primeiro.

— Como assim? — ele levantou o volume da voz e apertou Carmen entre os braços. — Você vem na minha casa e não quer me deixar...

— Calma — ela interrompeu. — Precisa ficar nervoso?

— Desculpe-me, querida — ele se esquivou do olhar de Carmen. — Vamos jantar, senão a comida esfria.

Marcos jamais deixara que Carmen fosse sozinha para o trabalho, ligava três vezes ao dia, e à noite, quando não saíam, passava na frente do prédio dela, buzinava e ela aparecia na janela para receber um beijo jogado lá de baixo, da porta do carro.

No dia do pedido de casamento, Marcos já havia marcado igreja, encomendado decoração e até mesmo os convites estavam impressos.

— Ótimo, então vamos nos casar dentro de duas semanas.

— Mas...

— Não se preocupe, já comprei seu vestido.

O pedido aconteceu no dia do churrasco convocado por Sílvia. Era despedida, mas os amigos não sabiam de quê.

— Muitas vezes desaparecemos. Vamos ali, tentamos nos consertar, depois voltamos. Veremos no que dá.

— Para com esse mistério, Silvia! Daqui a pouco Marcos vem me buscar. Não posso ir embora sem saber o que vai acontecer com minha querida friend — elas riram juntas.

— Marcos vem te buscar? A coisa então está séria entre vocês? — Jey interrompeu o momento das duas.

— Jey...

— Não precisa ficar sem graça, Carmen, eu estou numa boa. Já disse: o que é do homem o bicho não come.

— Você me assusta...

— Cuidado, minha amiga — Silvia interrompeu —, se eu sou misteriosa, essa aí é sinistra — elas riram juntas. — E por falar em coisas sinistras...

Silvia apontou Marcos que se aproximava lentamente como se quisesse permanecer despercebido aos olhos do grupo. Ele sorria um sorriso largo, congelado.

— Desculpe, Carmen, mas o jeito que ele te olha...

— Nada a ver, Silvia, bobagem sua — Carmen levantou-se. — Vou falar pra ele ficar aqui um pouco — ela deu as costas às amigas e andou na direção de Marcos. — Vamos! Junte-se a nós.

— Tenho uma ideia melhor: vamos sair daqui? — ele rebateu com outro convite e uma sutil risada.

— Confesso que... Você parece um pouco assustador hoje — ela hesitou em falar, mas por fim, com um sorriso soltou as palavras que o fizeram rir.

— Como assim?

— Sei lá! As meninas também acharam. Para mim parece que você tem planos maquiavélicos.

— Maquiavélicos eu não diria, românticos, sim — os dois riram — Vamos. Tenho uma surpresa para você.

Carmen voltou para o grupo, despediu-se dos amigos que contestaram.

— Amiga, fica mais? — Sílvia pediu. Carmen ignorou o pedido.

— Eu vou nessa — ela abraçou Sílvia — Vê se manda notícia, e fala pra onde vai.

— Fica fria, mando notícia. Se puder...

Enquanto caminhava na direção de Marcos, Carmen sentiu vontade de virar-se, voltar para os amigos. Seguiu em frente, queria ver o que aquele homem guardava para ela.

Escolheu ficar com Marcos.

Foram abraçados para o carro. Ele soltou-se de Carmen e se apressou para abrir a porta. Carmen sentiu-se cortejada pelo cavalheiro. No som, sua música predileta revelou a atenção que ele dava a ela. No painel, um botão de rosa vermelha. Ela sorriu, sempre sonhara ter um namorado romântico.

— Esta é apenas a primeira de muitas — Marcos entregou-lhe a rosa e beijou-lhe o rosto.

Ela apenas sorriu.

Calados, seguiram a estrada do sítio à cidade. Viajaram alguns minutos em um silêncio constrangedor. Carmen não sabia o que dizer e ao mesmo tempo sentia-se pressionada a falar algo.

— Esse clube é longe... Nem lembrava ter demorado tanto para chegar — impaciente soltou as palavras que lhe vieram à cabeça.

— Nem tanto... — parecia que ele também não tinha o que dizer. — É... Quero te levar para um... Outro lugar. Não vou te levar para casa — de repente ele ficou mais incisivo.

— Como assim? Sem me perguntar se posso? — sentiu que o rosto revelava a desaprovação; a testa franziu. — Eu não esperava...

— Claro que não esperava! — soltou mais uma de suas risadas. — Preparei uma surpresa.

Carmen, sem tempo para responder ao convite, viu o carro fazer curva e tomar rumo diferente. A decisão fora tomada por ele. Já estava decidido.

Em poucos minutos, ela avistou um chalé. Quando pensou ser finalmente o destino, o chalé ficou para trás. Mais alguns minutos um posto de gasolina compôs o cenário. Também ficou para trás. Por vários minutos somente o verde, o cinza do asfalto e o azul do céu pintavam a paisagem. A tarde caía. A surpresa demorava.

Ao longe, Carmen avistou uma fazenda. À medida que a fazenda se aproximava deles, ela notava a bela construção, sede de um hotel.

— Chegamos — Marcos pronunciou a palavra que Carmen tanto esperou ouvir.

— Isso é maravilhoso...

— Isso é apenas o começo.

Estacionaram o carro em frente à entrada da sede. Carmen movimentou-se para abrir a porta, Marcos a impediu com a mão sobre a coxa dela.

— Espere. Deixe comigo.

Ele saiu do carro apressado para abrir a porta de Carmen.

— Obrigada senhor. És mui gentil! — os dois riram.

— A senhorita merece. Isso e o que está por vir.

— Adoro esse barulho dos pés na areia.

— Bucólico!

— Uma noite no campo... Você sempre foi romântico assim?

— Um pouco, mas você me fez ficar mais.

— E eu adoro romance.

— Uma mulher deve ser tratada assim, com rosas, passeios e muito carinho — Marcos agachou-se, colocou um braço na cintura de Carmen e o outro, nas pernas para, de arranque, levantá-la e provocar um grito de surpresa.

— Ai, meu Deus! Vai me deixar cair...

— Nunca Carmen. Comigo você só vai ser feliz — ele andava em direção à entrada do hotel, parou e olhou nos olhos dela.

— O que foi?

— Você vai ser a mulher mais feliz do mundo. Eu prometo. Para você, Carmensita, eu dou tudo. Faço tudo.

Passaram direto pela recepção. Apenas um aceno de Marcos abriu caminho. Nada de fichas ou registros de hóspedes. No pé da escada, Marcos colocou Carmen no chão.

— Vamos — ele estendeu uma das mãos para ela; com a outra, indicou o caminho.

Subiram a escadaria. No topo, a escada se dividia em duas. Seguiram à direita. Calados. Ele a frente. Ela a observá-lo.

— Chegamos — ele movimentou o braço para indicar o quarto número 24.

Marcos rodou a chave na fechadura.

Carmen ponderou. Tarde demais.

A porta lentamente se abriu para revelar o mistério.

Um amplo quarto abrigava, à direita, cama king size coberta por lençol branco salpicado de pétalas vermelhas. O centro do quarto era forrado por tapete persa. Ao fundo, próxima à janela, uma mesa dava ar antiquado ao ambiente. De madeira pesada, parecia transportada de algum gabinete do século passado. À esquerda, ao lado da porta do banheiro, uma penteadeira lembrava o cenário do filme "Em Algum Lugar do Passado".

— Entre. É todo seu — Marcos gesticulou como se abrisse o caminho para Carmen.

Em silêncio, ela deu os primeiros passos e entrou no cenário criado por ele.

A porta do banheiro revelava o piso forrado por pastilhas brancas alvejadas, também salpicadas por pétalas vermelhas. À esquerda, a banheira branca vitoriana com patas metálicas guardava espuma para um banho aromático, pano de fundo para mais pétalas. O cenário branco e vermelho encantou e assustou Carmen.

— Tanto branco... Tantas pétalas...

— Preparei para você. Gostou?

— Estou sem palavras... — fitou a banheira em busca de algo mais apropriado para dizer.

— Elas são desnecessárias agora — sussurrou no ouvido dela. — Quer tomar um banho para relaxar?

O convite, de certa forma já esperado, a fez tremer.

— Está com frio? — a reação de Marcos aos movimentos involuntários de Carmen foi imediata. — A banheira deve estar quente. Pedi que a preparassem antes de chegarmos aqui — ainda falava ao pé do ouvido de Carmen.

— Por que tudo isso?

— Carmensita, você é o amor de minha vida. Para você, tudo. Já disse.

— Está um pouco exagerado, Marcos.

— Para minha futura esposa, posso exagerar que não será suficiente o que eu fizer. Casa comigo, Camen? — ele se ajoelhou diante dela, abaixou a cabeça.

•

Três meses depois, Carmen entrou na igreja ao som da marcha nupcial.

5

O primeiro carnaval, depois de casados, Carmen e Marcos passaram com os amigos. A tarde começava a despedir-se para dar lugar à noite de festa, música, diversão. Diante do armário, no quarto do casal, Carmen tentava decidir qual seria sua indumentária. Desistira da ideia de comprar fantasia para o evento; resolveu improvisar. Lantejoulas, tules, plumas e paetês, típicos das fantasias de carnaval, estavam fora do orçamento dela. O dinheiro que Marcos lhe dava por mês era exato para a administração da casa. Definitivamente usaria de sua criatividade, queria evitar ter que justificar gastos que não eram especificamente com a casa. Um a um, ela passava os cabides em revista. Muito chique, pouco criativo, cada cabide trazia em si uma desculpa para que a roupa permanecesse no mesmo lugar. Até que se deparou com o terno risca de giz que, desde o casamento, permanecera dentro do armário. Como a brincadeira da festa estava em afrouxar os limites, esquecer os padrões, mudar os paradigmas, decidiu abrir o armário para aquela fantasia.

— Você está fazendo o que dentro do armário? — Marcos interrompeu as elucubrações estilísticas de Carmen.

— Improvisação — respondeu ainda com o rosto envolto em paletós e camisas.

— Vai vestir fantasia? Ridículo.

— É carnaval, Marcos...

— Tenho nada com isso.

Mau gênio tinha aquele homem. O sujeito que envolvera Carmen e a pedira em casamento em meio a pétalas vermelhas, aromas e romantismo parecia ter saído de férias após as núpcias, talvez uma lua de mel eterna, sozinho, e jamais voltara para sua esposa. Fosse qual fosse o evento, a irritabilidade do sujeito estava presente.

— Estou com vontade de me divertir, só isso — ignorou a antipatia do marido. — Vem comigo? — irônica, tirou o rosto de dentro do armário, segurava o paletó risca de giz.

— Você acredita mesmo que vou vestir esse terno aí? — o desdém de Marcos foi evidente. — Vou morrer de calor...

— Quem disse que você vai usar o terno? — Carmen riu. — Hoje eu serei o grande mal-humorado Sr. Marcos! — rodopiou como bailarina, gargalhou.

— Como assim? Ficou louca, mulher? — ele interrompeu a risada dela.

— Vamos entrar na brincadeira — ela caminhou para perto do marido. — Todo o mundo vai se fantasiar de alguma coisa. A gente pode se vestir como se um fosse o outro — Carmen deu um tapinha no ombro dele. Ele segurou o pulso dela. Apertou.

— Olhe bem pra mim, Car-men-si-ta — seu rosto agora transfigurado assustou a esposa —, observe: tenho cara de boiola? Tenho jeito de quem vai vestir roupa de mulherzinha?

— Que isso? — inutilmente Carmen puxou seu braço que continuou preso ao punho de Marcos.

— Vai virar sapatão agora? — respingou o rosto de Carmen com cuspe de fúria ao pronunciar a sílaba "pa".

— É só brincadeira Marcos — enxugou os perdigotos arremessados.

— Pois não sou desse tipo de homem. Você já deveria me conhecer melhor. E se não me conhece bem, pelo menos saiba qual é o seu lugar. Você é a mulher do casal. Comporte-se como deve. Tenho certeza que sabe o que quero dizer.

O marido saiu do quarto e deixou uma assustada esposa para trás. Ao sair, bateu a porta. Lá dentro,

Carmen, sem saber o que fazer, pendurou as riscas de giz dentro do guarda-roupa, sentou-se na cama e encarou a parede. Conseguiu entender o que estava impresso nos tijolos do quarto.

Nada.

Era esse, exatamente, o significado daquele relacionamento.

Talvez tivesse feito a escolha errada ao pisar o tapete vermelho da igreja.

O clube onde seria o baile era o mesmo onde Carmen se juntara aos amigos na despedida de Sílvia. De carro, o casal seguiu para a festa. Silenciosos.

Carmen tinha o pensamento em Sílvia e no Marcos de outrora. Sílvia, porque depois da festa de despedida jamais enviara notícias, ninguém a viu. Marcos, porque desaparecera; o homem que em outro tempo abria a porta do carro para a futura esposa, também jamais enviara notícias.

Estacionaram próximos à entrada. Ele desligou o carro, saiu, caminhou em direção ao porteiro. Ela respirou, abriu o para-sol, olhou-se no espelho, passou o dedo indicador de uma das mãos pelo canto de ambos os olhos. Secou-os. Desceu do carro e seguiu em direção a Marcos. Nada de risca de giz.

Vestia sua frustração.

No salão, o samba parecia povoar seu organismo ao lado do coração, em um batuque distinto, mais animado, a convidar seu corpo para fazer parte do balé carnavalesco. A multidão de sorrisos entoava marchas, distribuía beijos, degustava bebidas.

Carmen andava sem rumo em um rodopio solitário arrítmico, sem objetivo, sem fantasia. A realidade a insistir; cutucava-lhe as entranhas, fazia pensar.

Como chegara ali?

De longe avistou Marcos. Ele gesticulava freneticamente. Diante de Jorge, suas mãos repetiam gestos que mais pareciam uma luta. Marcos versus a assustada Colombina.

— Gente! — Carmen aproximou-se. — Para quem vê de longe, a impressão é que vocês estão brigando. — tentou descontrair o clima entre os dois.

— Briga? Nem tanto... Estou horrorizado com seu amiguinho — Marcos riu irônico enquanto apontava todos os dedos em ameaça contra o amigo de Carmen. — Olhe como ele...

— Sinceramente, Marcos, me deixe em paz — Jorge já sem paciência interrompeu — Faço de minha vida o que quiser — continuou.

— Tudo bem... Não está mais aqui quem falou, mas que você parece uma bichinha parece. Colombina, meu amigo?

Vários convidados haviam se juntado a Carmen, pareciam participar da conversa. Quando Marcos pronunciou "bichinha", em uníssono, um coro pronunciou "oh".

— Não vim pra esta festa para ser humilhado — Jorge virou-se para sair.

— Mas parece mulherzinha.

— Jorge — Carmen interrompeu o bate-boca —, pare com isso. Você não deve satisfação ao preconceito dos outros.

— Tudo bem, Carmen — e se virou para a amiga —, você tem razão. Esse... Desculpe-me, mas devo dizer: esse babaca nem sabe o que fala.

— Chega. Vou embora porque já me cansei dessa história de carnaval. Vem comigo, Carmen.

— Obrigada, Marcos, mas vou ficar mais — deu as costas ao marido. — Você me dá carona, Jorge? — virou-se para o amigo.

— Amiga, é lógico. Mas saiba que você vai andar com a Michele, porque o Jorge já era — o amigo, eufórico, ignorou a presença de Marcos. — Finalmente consegui marcar cirurgia — ele gritou em comemoração, abraçou a amiga e os dois começaram a pular de alegria.

Marcos colocou a mão no ombro de Jorge, de arranco, virou o amigo da esposa que cambaleou e, por reflexo segurou-se em Carmen. Os dois, com esforço permaneceram em pé. Jorge, por pouco tempo. Depois do soco certeiro de Marcos, a Colombina ficou estatelada no chão.

A alegria dos amigos, a comemoração dos convidados, a festa, duraram pouco após a revelação. O silêncio invadiu o salão como se o carnaval, repentinamente, houvesse se transformado em quarta-feira de cinzas.

— Aceitar homem de voz fina e que veste roupinha de colombinazinha, ainda vai, mas é o limite — Marcos bradava enquanto olhava Jorge jogado ao chão. — Isso é coisa do demônio, cara. Isso não é de Deus — gritou enquanto caminhava para a porta do salão.

Carmen, sem saber se socorria o amigo, ou se corria atrás do marido, decidiu ajudar Jorge a se levantar. E como a música houvesse sido desligada, Marcos pode ouvir quando ela gritou:

— O demônio, Marcos, é você — Carmen sentia a jugular pulsar. — Ele vive aí dentro de você. Covarde. Eu deveria ter me vestido de homem, com o infeliz terno do seu casamento, para fazer par com a Colombina Michele.

Marcos virou, deu um passo, como se fosse voltar ao local que infestara com sua covardia, mas voltou atrás.

— Ele vai te matar, amiga.

— Jorge... — Carmen sentou-se no chão, ao lado do amigo.

— Michele — os dois se abraçaram ainda no chão —, eu agora sou Michele, lembra? — os dois se levantaram.

Carmen olhou para a porta no momento em que Marcos irrompeu no salão. Acelerado ele se aproximou.

— Olhe aqui: — ele apontava o indicador para Carmen — eu ia embora e te deixar nesse inferno, mas definitivamente mulher minha não fica aqui com essa bicha louca. Tem razão, o casamento é meu, mas você aceitou. Agora, D. Maria, se vira para entrar nos eixos. Você é minha mulher, vai me obedecer. Vamos embora — ele a segurou pelo braço e puxou.

— Marcos, você está me machucando...

— Pouco me importa. Vai ver quem manda lá em casa.

6

Cabelos lisos, olhos grandes e cílios longos, boquinha bem desenhada e nariz pequeno. "Bebê Johnson's". Desde o início da gravidez, era assim que Carmen sonhava com o filho. Ainda que sonhasse, desejasse a mais linda das crianças, sabia que, como as pessoas dizem às grávidas, "o que importa é nascer com saúde". Para Marcos era diferente. Criança era chata, suja, chorona e dispendiosa.

O parto, ela queria que fosse natural. Desde que soube da gravidez, iniciou o pré-natal. Sempre desacompanhada, fez exames, ultrassons e consultas com a ginecologista. Conheceu uma mulher que se intitulava doula. Conhecida também como coach, ou assistente de parto, ela dava informação e apoio físico e psicológico. Carmen encontrara nela o que desejava ver em Marcos, mas que jamais esperava que ele demonstrasse: carinho pela futura mãe, cuidado e atenção.

Ela se preparava para o grande momento. O pouco dinheiro que recebera do marido conseguiu fazer render roupas e produtos indispensáveis para os primeiros meses do filho. Planejou o parto e sonhou com sua família. Marcos planejava nada, parecia viver sem sonhos.

O peso da barriga já era grande. O entusiasmo com a chegada do filho dissimulava a frustração da esposa com o marido.

— Jamais pensei que uma mulher do século XX teria filho em casa? Você é louca, Carmen — Marcos surpreendeu a mulher enquanto ela arrumava o quarto onde, com assistência da médica e acompanhamento da doula, receberia seu filho.

— Marcos, pense bem...

— Penso. Penso muito bem. Você é que parece que não tem noção das coisas.

— Olhe, se não quiser participar, não participe. É assim que sempre sonhei, e assim será.

— Se acontecer algo com você ou com esse bebê aí, não será eu quem vai sair dirigindo por aí feito um doido para te levar ao hospital.

— Marcos...

— Se vira, Maria!

— Isso é irritante... Você sempre fala isso, como se não fizesse parte das coisas que acontecem na minha vida.

— Você é estúpida demais... Não sabe obedecer ao marido. Ninguém te contou? Eu faço as escolhas aqui em casa? Dito as regras. Seu desejo, minha filha, pouco importa.

— Ah é? Onde está escrito?

— Olhe aqui — com violência, ele levantou a mão bem próxima do rosto de Carmen.

— Olho. Vai me bater?

— Respeitarei essa barriga enorme aí. Mas ela não vai durar muito. Vê se não suja minha casa na hora que esse pirralho resolver nascer. A tal de doula vai estar aí? Dou-la — ele começou a gargalhar. — É até gatinha a mulher. Aquele dia que ela veio te examinar eu gostei. Se ela dá-lá, me diz onde é que eu vou lá comer aquela gostosa.

— Você é nojento, Marcos. Piada sem graça...

O desejo mais secreto de Carmen era que aquilo fosse apenas maneira de ele não demonstrar sentimentos. Mas a consciência não a deixava se enganar. Carmen sabia não serem apenas palavras de um discurso vazio. Marcos de fato ligava a mínima para os acontecimentos. Pedro era, para ele, apenas mais um indivíduo que seria colocado no mundo.

Na véspera da provável data de nascimento, Carmen foi ao consultório de sua ginecologista para os últimos exames. Glicose, pressão, e ultrassom. Estava confirmado. Carmen ainda se vestia quando a doutora revelou: Pedro estava com os pés para baixo, sentado, não se movia. A mãe de primeira viagem já se sentia apavorada com a sensação de que algo estava errado com o filho.

— Querida, não se preocupe — a doutora tentava tranquilizar Carmen —, isso pouco significa agora, mas não podemos esperar muito mais, porque aí sim, ele poderia sofrer. Vamos marcar a cesariana?

O mundo desabava diante da catástrofe anunciada pela médica. Cesariana?

— Tem certeza doutora? Mas, e o parto normal? E a doula? — perguntava na esperança de que pudesse ter havido algum equívoco que, corrigido, pudesse alterar o curso dos fatos.

— Carmen, como disse, não há necessidade de se preocupar. Seu desejo era o parto mais natural possível, maior ainda, creio, deve ser o desejo de ter esse garotão da forma mais segura possível.

— Mas eu me preparei tanto...

— Sim, eu sei. Agora aproveite o preparo para cuidar bem do filho. Você vai amamentar, dar carinho, e todo o cuidado que aprendeu. As doulas fazem um ótimo trabalho, transformam a experiência de ter um filho no momento mais especial da vida de uma mulher. Mesmo que seja cesariana, você ainda poderá contar com os cuidados de sua doula. Eu diria até, principalmente nessa situação, essa mulher é uma bênção, querida.

A médica estava certa. Abrir mão de um sonho quando existe impossibilidade de realizá-lo, embora seja difícil, muitas vezes é necessário. O parto foi marcado para onze da manhã. Carmen deveria chegar à maternidade às sete.

•

Marcos ainda dormia quando o rádio-relógio despertou. Eram seis horas, Carmen estava pronta. A mala, arrumada já há alguns dias, puxou do chão e jogou sobre a cama para certificar-se do conteúdo: camisola, duas mudas de roupa e chinelos. A mala pequena, preparada para Pedro, inúmeras vezes Carmen organizou. Gostava de ver as roupas ali dentro como se elas concretizassem seu sonho e garantissem a vinda do bebê. Sabia de cor a posição de cada peça. Sempre que abria a mala, brincava com os sapatos vermelhos. Um em cada dedo, ela os fazia caminhar sobre a cama, ria e sonhava com os pés gordinhos que breve os calçariam.

Trocou as malas pelo telefone.

— Cinco minutos — ela repetiu em voz alta a previsão do taxista. — Você vem ou não vem, Marcos?

A resposta foi o silêncio.

Depois veio a buzina.

Na mão esquerda, Carmen levava sua mala, na direita, a do filho, e no estômago, um frio que lhe subia até a boca. Carregava em si coragem de futura mãe, certa de que o nascimento de seu primeiro filho seria sem a companhia do pai.

•

Limpeza intestinal.

Raspagem de pelos.

Soro.

Anestesia.

O bebê, ainda envolto em substância branca, gelatinosa, foi colocado sobre o peito de Carmen.

— Pedro — ela pronunciou com a voz embargada. — Meu filho será Pedro.

Lá do fundo uma voz masculina:

— Ele é normal?

Era meio-dia.

Marcos estava parado, estático, no canto da sala de parto. Mas isso importava pouco.

No dia oito de novembro de 1993, nasceu Pedro.

7

Caixas e mais caixas de remédio. Litros e mais litros de chá. Noites e mais noites sem dormir. Pedro chorava muito, alimentava-se pouco. A vida de mãe iniciara-se com desespero e frustração por cuidar sozinha do filho.

Era madrugada. Deitada há uma hora, o sono de Carmen era leve. Ainda assim, sonhava.

Caminhava por entre as gôndolas de um supermercado. Parecia procurar algum produto, mas não sabia o que era. Um choro constante a angustiava. Era um bebê. Procurava pela criança. Na medida em que caminhava e entrava em diferentes corredores, o choro aumentava. Ininterrupto. Estridente.

Gritos de pavor.

Carmen acordou.

Pedro chorava.

— Demorou. Pensei que fosse deixar seu filho morrer sufocado de tanto chorar — deitado ao lado de Carmen, Marcos sussurrou. — Já percebeu como é péssima mãe?

Carmen respirou fundo. Pensou em responder. Decidiu calar-se. Tratar de Pedro era mais urgente.

Jogou as pernas para o lado, e saltou da cama. Foi em direção ao quarto do filho.

— Pensei que fosse deixar o pobre coitado sufocar.

— Estúpido — ela sussurrou.

— Dá jeito nele — Marcos gritou —, e para de dar chazinho. Isso não resolve.

Da porta do quarto de Pedro, Carmen via o filho deitado de barriga para cima, com as pernas em movimentos frenéticos. O choro era ainda mais alto dali.

De repente, parou.

Carmen aproximou-se do berço. Debruçada na grade, ela esticou o braço e afagou a criança. Nada mudou. Pedro estava estático, não chorava, não se mexia. Carmen esticou o outro braço para pegá-lo no colo; parecia um boneco de pano. Pedro não respirava.

— Me ajude, Marcos.

Com um braço ela segurava Pedro contra o peito, com o outro batia levemente nas costas do bebê.

— Me ajude, Mar - cos. Pelo amor de Deus! — gritava enquanto continuava a bater nas costas de Pedro.

Carmen correu para seu quarto. Queria a ajuda do marido. Da porta, avistou Marcos espalhado na cama. Nos braços, o filho não respirava.

— Levanta daí! Seu filho precisa de ajuda.

— Você só pode estar de brincadeira comigo. Não sabe cuidar de criança? Pra quê teve filho? Se vira, Maria — Marcos falou sem abrir os olhos. — Aproveita que ele parou de chorar...

— Não parou de chorar. Parou de respirar. Ajude pelo amor de Deus — gritou aos prantos.

— Me dá esse menino aqui — Marcos pulou da cama. Pegou Pedro no colo, balançou com força para depois jogá-lo na cama. Quando as costas do bebê bateram no colchão, o choro recomeçou.

— Graças a Deus — Carmen se jogou no colchão. Antes de ela conseguir segurar Pedro, Marcos a puxou pelas pernas.

— Sai da minha cama, vagabunda — e jogou Carmen no chão. — Você não sabe nem cuidar de criança.

— O que é isso? O que você vai fazer, Marcos? — ela caiu de lado sobre o braço — Você está me machucando...

— Você é péssima. Pés-si-ma mãe. Não te aguento mais. Se não é esse menino que chora, é você. Cale essa boca — Marcos chutou Carmen na barriga. — Onde fui amarrar minha égua? Agora esse bebê chorão aí na cama e essa vaca caída no chão... — Marcos andava em círculos. Esfregava a cabeça. — Você não serve pra nada — gritou antes de chutar Carmen nas costas.

— Me ajuda... — a dor de Carmen misturava-se ao medo. Ela tentava gritar. Só conseguia gemer.

— Me ajuda você — Marcos segurou Carmen pelo braço, começou a puxá-la enquanto Pedro esgoelava jogado no colchão. Arrastada, Carmen percorreu o apartamento e foi parar na cozinha. — Fica aí na cozinha que é seu lugar. Vê se levanta logo e arruma alguma coisa pra eu beber. Estou com sede. Pelo amor de Deus, nada de fazer aqueles chazinhos sem gosto.

— Ele é seu filho também, Marcos — em prantos ela tentou se levantar. Caiu. — A gente precisa levar Pedro ao hospital.

— Ca-la es-sa bo-ca!

— Me ajuda... — ela sussurrou enquanto os olhos fechavam-se.

Marcos aproximou-se, agachou-se e acariciou os cabelos dela.

Para depois, bater no rosto de Carmen.

— Acorda, vagabunda. Pensa que vai dormir agora que estou acordado e tem um bebê chorão na minha cama? Levanta daí logo e dá seu jeito de fazer aquela coisa parar de chorar. Se vira, Maria.

— Me ajuda... — os olhos de Carmen continuavam fechados.

— Quer ajuda? Eu vou te dar uma mãozinha — Marcos levantou-se —, quer dizer, um pezinho — ele riu, antes de virar Carmen de lado, com o pé. — Quero que você jamais se esqueça desse momento. Vou te ajudar, mas você vai ter que me ajudar também...

Marcos pegou Carmen no colo. Foi até o quarto. Ainda estava um pouco afastado da cama quando a arremessou. Carmen gemia. Pedro chorava.

— Vocês dois aí — Marcos apontava, alternadamente, para os dois jogados na cama —, sou carinhoso com vocês. Detesto brigar. Agora vocês... Por que me provocam? — ele começou a andar pelo quarto. — Essa discussão jamais deve sair daqui de casa, se é que vocês me entendem. As pessoas falam muito, tiram conclusões precipitadas... Agora vocês descansem. Pode deixar, Carmen, eu mesmo preparo meu drinque. Depois, o papai aqui vai dormir, afinal, eu também sou filho...

Carmen desmaiou ao ruído da voz de Marcos misturada ao som do choro de Pedro.

8

Depois de seis meses cuidando sozinha de Pedro enquanto Marcos, de longe, observava e criticava Carmen, ela decidiu contratar alguém; precisava de ajuda. Em princípio estranhou a aceitação de Marcos, depois simplesmente fingiu ser natural a atitude do marido. Foi ele quem escolheu a babá.

Também foi Marcos quem, duas semanas depois, demitiu a ajudante.

— Filhos precisam da mãe, Carmen. Por isso, aquela senhorita foi dar um passeio e jamais voltará. E não adianta me olhar com essa cara de cachorro sem dono. Se você não dá conta de ser mãe, não tivesse filho.

— Mas... Marcos...

— Está se saindo uma péssima mãe. E se nem você aguenta seu filho, imagine se uma estranha qualquer vai aguentar. Agora se vira, Maria! — ele ria. Bateu a porta da rua atrás de si. Mãe e filho ficaram o dia inteiro sozinhos.

À noite, Marcos chegou e jogou seu corpo no sofá. Perfeita sintonia entre móvel e homem.

— Oi, Marcos. Como foi no trabalho hoje? — Carmen forçou interação com o marido. Em vão. O homem largado no sofá encarava a TV. Apenas gemeu. — Fica com o Pedrinho por uns minutos? Preciso comprar pão e leite para o lanche — ela continuou.

— Não acredito. Chego cansado e você ainda me pede para cuidar de menino?

— E como você pensa que estou depois de um dia sozinha com ele? Não tenho ajuda. Tudo sou eu. E não reclamo.

— Podia pelo menos esperar eu acabar de chegar.

— Mas...

— Mulher é assim: — Marcos começou a explicar sua teoria sem tirar os olhos da TV — o homem chega, ela joga o filho para cima dele e nem sequer pergunta como foi o dia. Por isso os casamentos não dão certo. Vou tentar salvar o nosso agora e dar uma sugestão valiosa: leva seu filho pra fazer comprinhas com você. Se vira...

— Já sei — ela o interrompeu —, mas vou te contar uma coisa: meu nome não é Maria e eu agradeço muito a gentileza e o cuidado em tentar salvar nosso casamento. No entanto, meu querido, não vou levar meu filho, porque ele dormiu.

— Finalmente.

— É... Finalmente, Marcos. Mas sinto te dizer que se quiser comer, vai ter que preparar você mesmo, porque vou dormir com meu filho.

— Ficou maluca? Vai logo pra cozinha e vê se dá um jeito de arrumar alguma coisa, estou varado de fome.

Carmen respirou fundo. Andou em direção à cozinha. Parou e encarou o cômodo por alguns segundos. Virou-se para Marcos.

— Vou dormir...

— Ótimo. E eu vou sa-ir — Marcos pronunciou as últimas sílabas como uma cantiga enquanto pulava do sofá. Pegou sua carteira que parecia ter sido estrategicamente colocada próxima à porta. — Fui! — gritou já do lado de fora do apartamento.

— Irritante — ela desabafou.

Carmen buscou o sono dos justos. Na ausência agradável do marido que desejava nunca ter tido, dormiu pesado pela primeira vez em seis meses. Espalhou-se na cama.

Foi acordada com um golpe no ombro. Marcos a chacoalhava.

— Vai cuidar desse seu filho que não para de chorar — ele gritava. — Você é mesmo irresponsável. Seu filho está sozinho no quarto e não para de esgoelar. Ouvi lá de baixo.

Carmen pulou da cama, empurrou Marcos para o lado e correu para o quarto do filho. Ele se contorcia dentro do berço. De olhos fechados, ela levantou a cabeça, respirou fundo. Da porta, Marcos a observava.

— Não adianta suspirar, minha filha! Anda logo e resolve esse seu problema que eu quero dormir! — ele vociferava como um louco. — Fiz burrice em demitir a babá. Você é ignorante demais. Pelo menos ela era gostosa e eu tinha coisa boa pra olhar...

— Precisa falar assim, Marcos?

— Como assim? Vai querer me dar dicas de como conversar com minha mulherzinha? Então vou te ensinar como resolver esse seu problema aí — ele apontava para Pedro. — Me dá esse menino aqui.

Marcos esticou os braços na direção de Pedro e o pegou no colo. Começou a gritar que iria ensinar a criança a ser homem. Sacudia o bebê, que chorava ainda mais. Era inútil pedir que parasse. Quanto mais Carmen dizia que aquilo machucaria o filho, mais Marcos parecia um animal. Enlouquecido.

— Vou te ensinar menino! Você vai virar homem é hoje.

— Ele é só um bebê, Marcos! Bebês choram.

— Bebê chorão e já tem vocação pra maricas. Você só paparica essa criança. Cala a boca, menino. Não te aguento mais! — ele gritou, olhando nos pequenos olhos de Pedro.

Com os olhos tomados de ira, Marcos não parava de sacudir Pedro.

Como reflexo involuntário, Carmen tomou o filho nos braços.

Saiu.

Evitou olhar para trás.

9

6 de novembro, de 1994. O primeiro aniversário de Pedro, seria em dois dias. Parecia acontecer depois de uma eternidade vivida em campo minado, saltando de um ponto ao outro na esperança de que nenhuma das explosões acabassem com a realização do sonho de ser mãe. Carmen tentava equilibrar-se entre os difíceis momentos como mãe de primeira viagem e os assustadores rompantes do pai que, no lugar de carinho, distribuía agressões. Nesse equilíbrio, transitava entre o infindável e o efêmero. Um ano parecia ter passado rápido, quando pensava nos momentos que deixou de viver com Pedro para servir ao violento marido.

Resolveu comemorar. Decidiu buscar o tempo perdido, reunir os amigos, divertir-se com o filho.

E quando se pensa que já não há mais nada com o que se surpreender na vida, lá vem o inesperado.

— Andei pensando, Carmen, acho que você deveria comemorar o primeiro ano de vida de seu filho.

— Como?

— Depois de amanhã não é aniversário de Pedro?

— Você se lembra?

— Claro! Como poderia esquecer... — enquanto ela, estática, olhava sem acreditar no que ouvia, ele devorou um pedaço de pão que deglutiu depois de um longo gole no café. — Mas olha: organiza direito essa coisa. Eu preciso saber quanto vai gastar — pronunciou deixando aparecer o resto de pão no canto da boca.

— Então vamos falar sobre isso quando acabar...

— Senta aí — empurrou os potes e pacotes da mesa do café da manhã, deu outra mordida no pão. — Mas antes pega uma folha de papel. Vamos fazer a coisa direito. Qualquer evento, por mais banal que seja, deve ser planejado. Estou disposto a gastar. Aproveita! — a comida parecia querer fugir pela boca do predador.

O casal reuniu-se na cozinha para acertar os detalhes da comemoração. Pedro, deitado no cobertor esticado no chão, curtia seu programa favorito na TV. A cachorrona Priscila da TV Colosso aparecia na tela, Pedro ria, dava gritinhos de alegria e balançava os braços e as pernas; aquela era sua dança. Da cozinha, Carmen podia ver a alegria do filho. Decidiu. O primeiro detalhe foi fácil.

— Vamos fazer decoração de TV Colosso?

— Sim, claro... Mesmo porque decoração é coisa de mulher... Você decide — Marcos logo concordou. — Ótimo, então vamos fazer a lista de convidados?

— Precisa? É só um encontro de amigos.

— Já falei: planejamento. Depois aparece aí um monte de gente. Detesto desperdiçar dinheiro. Se a gente faz de qualquer jeito, acaba saindo no prejuízo. Pensei no Sílvio e na Luana.

— Marcos, tem parente que nem sabe da existência de nosso filho. Esses aí são ótimo exemplo disso. Alguma vez ligaram? Já vieram aqui?

— Mas a gente precisa tratar bem, Carmen. É uma questão...

— De puxar saco. Eles têm dinheiro... É isso? — Carmen interrompeu.

— Chame do jeito que quiser, penso que é agradar a quem precisamos agradar. Nunca sabemos o dia de amanhã.

— É... Não sabemos mesmo. Infelizmente... — ela suspirou pensativa. — Se soubéssemos, evitaríamos muita coisa.

— Você está falando de quê, mulher?

— Nada...

A discussão dos dois seguiu sem parecer que encontraria ponto comum. Ele citava parentes distantes por terem dinheiro, ela queria os amigos próximos para ter uma festa íntima. Marcos pretendia, desde cedo, ensinar ao filho o verdadeiro valor das coisas, em reais. Carmen desejava proporcionar ambiente familiar, criar uma atmosfera amigável e demonstrar a importância de se ter carinho.

A amiga Jey encabeçou a lista composta por apenas três convidados. Um nome a cada dez minutos de discussão foi a média do casal.

— E que tal chamar Otávio? — Marcos segurou o riso. — Mas só se fizermos a festa no centro espírita. Aliás, o espírito de quem suicida fica vagando, não é isso? Então nem em sessão espírita? — ele riu sarcástico.

— Ai, Marcos... Às vezes você me assusta — balançou a cabeça em desaprovação. — Anota aí: já comentei com Roberto e Michele, hoje ligo para confirmar — acrescentou apontando para a lista à frente de Marcos.

Foi o que ele precisava para romper a frágil barreira entre a paz que viveram por poucos minutos e a batalha que já era rotina.

Enlouquecido. Única explicação para o comportamento daquele homem. Carmen preferia não saber o motivo de tanta agressividade. A ignorância poderia ser bênção. Mas a alegria durou pouco.

Marcos levantou e ficou rodando o dedo indicador próximo à orelha enquanto caminhava na direção de Pedro.

— Calma, Marcos. Volta aqui. Qual é o problema?

— Louca! Maluca! Pensa que vou deixar meu menino conviver com uma tal de Michele que um dia foi Jorge? Pirou? Comeu cocô no café da manhã?

— Precisa ser grosso assim? — Carmen, agora de pé, tentou enfrentar o marido. — Pedro agora é seu filho?

— Sempre foi... Você não sabe ser mãe. Ele precisa de um pai de fibra. Não quero meu filho convivendo com esse tipo de gente — voltou-se para Carmen; apontava o dedo indicador para o centro do peito e enfatizava — Ele é meu filho, porra! O aniversário dele, eu organizo. Não suportei esse tempo todo o choro dele pra nada. Agora mereço comemorar. Além do mais, se não for do meu jeito, como vai ser? Tem algum trocado aí para pagar as contas?

— Olhe aqui, Marcos. Chega! — Carmen sentia-se segura do que ia dizer. Com o dedo em riste falou tão alto que chamou a atenção de Pedro. O menino virou-se para os pais; ele parecia prestar atenção. — Sei muito bem o que faço. Sei, também muito bem, cuidar de nosso filho. Tenho discernimento; sei que não há problema algum em conviver com Roberto e Michele, são pessoas queridas, e eles gostam dele. E se alguém aqui tem que comemorar o tempo, sou eu que passo o tempo todo com ele. O aniversário é meu também.

— Resolveu ficar valente agora? Então vamos lá: E o quê mais tem a dizer para defender essa aberração chamada Michele?

— Nada... — Carmen hesitou.

— Vamos. Você tem algum argumento a favor daquilo que você chama amigo?

— São meus amigos, Marcos. Nossos amigos. E gostam de Pedro.

— E aquilo lá, no final das contas, é amigo, ou amiga?

— Tenho direito de convidá-los e vou fingir não ter ouvido essa pergunta estúpida e ignorante.

A palavra direito provocou o estalo que Carmen sentiu no rosto. A mão pesada de Marcos a atingira do lado direito da face.

— Mulher minha não tem direitos. Mulher minha tem deveres, e muitos... — ele deu as costas a Carmen.

As palavras rasgaram os ouvidos da esposa depois que o golpe no rosto a despertara.

— Você nunca mais, Marcos, nunca mais, preste bem atenção nas palavras: nun-ca mais encosta suas imundas patas em mim. Chega! — Carmen gritou

— Não aguento mais. Você vai ter que parar com essa grosseria...

— Ou... — ele se virou para ela e rodopiava a mão como se pedisse por mais palavras.

Ela somente lhe deu as costas.

Pegou Pedro no colo.

Estava decidida: era hora de se livrar do marido.

Carmen saiu de casa.

10

Sem pensar no que acabara de acontecer e com Pedro nos braços, andou. Depois de caminhar sem rumo por tempo suficiente para sentir as pernas cansadas e os braços dormentes pelo peso do filho, percebeu que estava a um quarteirão do prédio onde Roberto e Michele moravam. Por certo, uma conversa amiga poderia livrá-la da lembrança da mão de Marcos, pesada sobre seu rosto. O estalo do toque violento se repetia; a sensação não a abandonava. Sem hesitar, entrou. O porteiro, talvez por ter notado em alguma expressão de Carmen a desesperada necessidade de se livrar do peso que trazia nos ombros, adicionado ao do filho, nem sequer perguntou-lhe o nome. Resumiu-se a um discreto cumprimento e indicou o elevador.

Diante da porta do apartamento 502, Carmen se deu conta: fugira do marido. Agora precisava de abrigo.

Tocou a campainha, bateu na porta, tocou novamente, insistiu; nenhum som veio de dentro do apartamento para acender-lhe a esperança. Sentou-se no chão e acomodou Pedro no colo.

Ele começou a chorar.

Insuficientes foram seus esforços para tentar fazê-lo dormir.

O choro, aos poucos, aumentava.

A porta do apartamento 501 abriu. Carmen levantou-se.

— Bom di...

Bateram a porta. Não houve tempo para ser educada.

Começou a andar de um lado para outro na tentativa de acalmar a criança. O peso já machucava seus braços quando a porta 503 abriu. Um olhar de censura veio de dentro do apartamento e a mirava enquanto ela, desesperada, balançava Pedro num vai e vem inútil. Parecia que ele jamais pararia de esgoelar. A dor dos braços, o cansaço das pernas e a vergonha eram vozes a perguntar se Marcos tinha razão em sua exigência. Como pai, marido, poderia ele dizer o que sua mulher deveria fazer? Ficar e esperar pelos amigos, ou voltar para casa, lugar de onde talvez jamais devesse ter saído?

Quando ouviu a chave girar na fechadura da porta 504, sentiu que ela também estava prestes a registrar protesto. Mas foi o elevador quem deu o ar da graça. As portas se abriram para revelar a sorte de Carmen. Era Roberto quem chegava em sua roupa esportiva, boné e tênis.

— Graças a Deus! Bom dia, Roberto — ela forçou um sorriso — Que bom que chegou...

— O que houve? Calma, desacelera — estendeu os braços para segurar Pedro — Deixe eu segurar esse garotão. Lá dentro você me conta o que aconteceu.

— Eu fugi...

— Calma. Entre.

Ela foi direto para o sofá, jogou-se sentada. Chorava. Precisava descobrir o que fazer. Precisava entender os acontecimentos. Mais que isso, era necessário tomar decisões.

Roberto apareceu na sala sem Pedro. Em pé, diante de Carmen esticou os braços na direção da amiga.

— Vamos, levante-se. Um copo d'água e um bom café vão lhe fazer bem.

Antes de pegar nas mãos do amigo, Carmen enxugou as lágrimas que escorriam. Levantou-se. Abraçaram-se.

— O que faço? — as palavras saíram engasgadas — Preciso de ajuda... Sou boa mãe, tenho certeza... Faço tudo por ele... Não merecia aquele...

— Aquele o quê?

— Deixe pra lá... Preciso de um chá. Roberto, por Pedro eu daria minha vida. Você tem camomila?

Foram até a cozinha. Enquanto Roberto fazia o chá, Carmen contava detalhes desde o início do relacionamento entre ela e Marcos. As variações de humor, o descaso com o filho, a estranheza no comportamento outrora romântico e então bruto. Por último, falou do preconceito. Só não teve coragem de contar ao amigo o dia em que Marcos a arrastara pelo apartamento. Censurou-se. Evitou falar dos chutes. Lançou para o fundo da memória a imagem de ser jogada na cama, depois de ter visto Pedro ser lançado com brutalidade. O episódio que impulsionou sua saída de casa, também preferiu deixar calado na mente. Ainda podia sentir a mão de Marcos no rosto e não sabia o que queimava mais: o constrangimento de ter apanhado do marido, ou do preconceito dele contra seus amigos. Sem dúvida, a maior vergonha que tinha era a de ser casada com Marcos.

Roberto entregou a caneca de chá para Carmen. Do outro lado da mesa, sentou-se e olhou no fundo dos olhos dela. Segurou as mãos da amiga.

— Releve esse machista, Carmen. Siga sua vida — ele suspirou. — O que você quer? Quais são seus desejos?

— Preciso ainda descobrir — Carmen sentiu os olhos baixarem-se.

— Descubra e siga sua vida. Vá em frente sem esse homem.

Alguns minutos depois, foram interrompidos. A suave voz de Michele preencheu o ambiente enquanto cantava ária de A Flauta Mágica. A melodia encantava. Olharam na direção da música e foram surpreendidos por ela em seu roupão de seda vermelha, com Pedro adormecido no colo.

— Carmen? — ela interrompeu a música e sussurrou para a amiga. — Que bons ventos te trazem?

— Infelizmente, os ventos não estão tão bons assim; parecem tornados... — Carmen sentia sua fisionomia derreter.

Roberto pediu para Michele ficar um pouco mais com Pedro. O garoto precisava dormir e Carmen, conversar.

— Você é feliz, amigo. Quem me dera ter uma esposa assim: bonita, simpática e que canta bem — Carmen conseguiu dar uma breve risada. — E, claro, que me acordasse todos os dias com uma bela música cantada por ela mesma.

— De fato isso é para poucos. Foi difícil encontrá-la. Você conhece nossa história de cor — Roberto levantou-se. — Meu bem, isso é para poucos, mas você faz parte desse grupo. Precisa de coragem para sair dessa em que se meteu. Mas antes saiba que rumo quer tomar na vida. Aliás, parece que agora quer uma esposa? — o amigo gargalhou e provocou em Carmen o mesmo riso intenso. — Imagine! Você agora vai fazer parte da comunidade rainbow?

— Que rumo tomar na vida? — Carmen se perguntou.

— Você vai encontrar seu caminho. Vem — abraçados saíram da cozinha e se juntaram a Michele, na sala.

Sussurravam casos, Michele falava de Roberto, Carmen, de Pedro. Riam baixo.

— Carmen, querida — Roberto interrompeu as duas —, concorda que está na hora de procurar um pediatra melhor para Pedro? Ando intrigado com algumas coisas que você relata. Não sou pediatra, mas sei de condições que requerem cuidados especiais e, sobretudo, o diagnóstico precoce para que a criança tenha qualidade de vida.

— Suspeita que Pedro esteja doente?

— Não sejamos precipitados, amiga. Ele talvez seja uma criança com alguma necessidade especial.

Carmen imediatamente sentiu o sorriso escapar. A descontração da conversa com os amigos ficou perdida no comentário de Roberto. Aos poucos sentia que sua expressão mudava e que certo pavor de mãe diante da possibilidade, ainda que totalmente inexplorada, e muito menos confirmada, de seu filho estar doente tomava posse dela. Roberto sentou-se ao lado da amiga e a abraçou. Carmen chorou no ombro dele.

Há um ano ela sofria a aflição de desconhecer o que de fato poderia ser o problema do filho. Consultas, remédios, hospitais. Nada resolvera. Ninguém a ajudara. Roberto poderia estar certo. A sensação era mista: alegria da possível descoberta, tristeza de uma provável doença.

— Fique tranquila, Carmen, tudo se resolverá — ele tentava confortar a amiga.

Roberto se levantou, deixou a sala, mas sem demorar voltou com o arquivo de cartões de visita. Depois de folhear os inúmeros contatos, separou um deles. No canto superior direito, uma cobra enroscada no bastão.

— Pegue — ele estendeu a mão para Carmen balançando um cartão de visita. — Esta aqui foi minha colega na faculdade. Sempre muito dedicada. Há muito não a vejo, mas tenho certeza, amiga, ela vai te dar uma luz.

— Obrigada, Roberto. É... Talvez seja melhor ir embora. Obrigada, você também, Michele — ela suspirou e guardou o cartão no bolso detrás da calça enquanto se levantava.

A realidade esfregava-se em Carmen. Berrava em seus ouvidos. Batia-lhe a face. Não poderia fugir mais. Não havia como se esconder. Precisava encarar os fatos.

Buscou seu filho, no quarto.

— Tchau, meu querido — Roberto beijou Pedro quando Carmen voltou para a sala com o garoto adormecido no colo.

— Quero ver vocês no aniversário de Pedro — ela sussurrou.

— Certeza? — Michele também sussurrou. — Desculpe-me, Carmen, mas o Marcos...

— Claro que eu quero ver vocês lá — ela interrompeu Michele.

— Desde o fatídico carnaval eu não converso com ele.

— Esquece, por favor, Michele. Vamos tentar.

— Então já sei o que vamos dar a esse garotão — Roberto colocou a mão na boca temendo ter se empolgado demais. Os três riram em baixo volume.

Com o filho ainda adormecido no colo, Carmen despediu-se dos amigos. Parecia sentir-se mais leve. Nada resolvido, mas tinha ideia de qual caminho seguir. Também tinha esperança de que, de alguma forma, mudaria o que até então vivera.

Mãe e filho seguiram a caminho de casa. Restabelecer a ordem, procurar a médica, preparar a comemoração, tinham muito que fazer. Carmen deu sinal ao primeiro táxi que passou. Queria chegar o mais rápido possível. Estava finalmente confiante. Pedro acordou. Sorriu. Parecia saber exatamente o que acontecia.

•

Em casa, na entrada, Marcos esperava por ela sentado à mesa de jantar. À frente dele, um copo e uma garrafa de cerveja. Pedro, nos braços dela, esticou-se para que fosse colocado no chão. Depois de trocar olhar com o marido, deitou Pedro no cobertor em frente à televisão. Voltou-se para a mesa, arriscou um sorriso. Marcos se levantou. Não disse palavra. Nem mesmo gesticulou. Andou em direção a Carmen.

Abraçaram-se.

— Fiquei preocupado, Carmen...

Ela sentiu os olhos umedecerem.

— Marcos, desculpe-me por tudo... Ando meio nervosa com essa coisa de Pedro chorar muito e comer pouco...

Ele se soltou do abraço, passou as mãos por sobre os ombros dela.

— Eu sei Carmen. Eu te desculpo; não se preocupe.

Marcos segurou a mulher pelos braços e mirou dentro de seus olhos, o ar etílico os rodeou. Aproximava o rosto ao dela e, em câmera lenta, os lábios pareciam aumentar de tamanho. Ela esquivou-se.

— O que foi? Já disse, te perdoo — Marcos arriscou um tom melodramático.

— Não é isso... — Carmen suspirou. Afastou-se.

Ela sentia o corpo tremer. Queria falar de Pedro, da opinião de Roberto, da médica que o amigo indicou, mas não conseguia escolher as palavras. Afastou-se.

— Marcos, sei que você não gosta de Roberto, mesmo assim estive lá — ela virou-se e fitou o marido depois de vomitar as palavras.

— Carmen! Eu já disse...

— Calma. Ele é médico, conhece muita gente na área de saúde. Tem experiência.

— E o que eu tenho com a experiência dele? — ele se aproximava dela.

— Vou te explicar...

— Não quero saber, Carmen — ele aumentou o tom de voz —, puta merda. Vê se entende: eu não quero meu filho com esse tipo de gente?

Enquanto ele se aproximava, ela se afastava; não sabia o que esperar do marido, não tinha certeza de sua vontade de estar com esse homem até que a morte os separasse. Teve medo de pensar em como poderia ser essa morte. Tentaria ser feliz com ele?

Precisava se impor. Pensava no filho. Na mente, a vida de Pedro e sua vida esbarravam-se.

— Pare! — Carmen gritou.

— Mas é mesmo uma vagabunda... — ele falou pelo canto da boca. — Pensa que pode gritar com o marido?

— Marcos, por favor — ela arriscou um tom mais suave, ainda que firme —, eu preciso de sua ajuda.

— Finalmente vai admitir que é ninguém sem o maridão aqui — ele batia no peito com a mão aberta.

— Precisamos conversar Marcos. Pedro pode estar doente, precisa de ajuda.

As palavras de Carmen pareciam ter agido. Revelaram o avesso daquele durão. Segundos antes, ameaças sem se importar com a presença e o olhar da criança.

Naquele momento, aceitação.

Sentaram-se à mesa. Por algum tempo conversaram e, ao final, ele buscou o telefone sem fio, entregou na mão de Carmen, pediu que ligasse para a médica e se ofereceu para levar os dois ao consultório.

Os olhos dele pareciam molhados.

Os dela, transbordavam.

●

Por sorte, conseguiram horário naquele mesmo dia. Carmen e Pedro foram ao médico. Marcos os deixou na porta.

Ela teve a oportunidade de relatar a rejeição de Pedro ao alimento, o choro inquieto e insistente e comentou estar intrigada com o fato de ele recusar tentar os primeiros passos.

— Carmen, seu filho apresenta sintomas do que chamamos Síndrome de Williams — a médica concluiu depois de examinar Pedro e interrogar Carmen. — Ele precisa ter acompanhamento de cardiologista, é importante avaliar o pulmão também. Além disso, vamos acompanhar o desenvolvimento psicomotor e cognitivo. Preste atenção: — a médica olhou dentro dos olhos de Carmen — seu filho tem uma doença, mas está vivo. Você precisa apenas cuidar dele. Não deixe de viver sua vida. Viva com ele, não para ele. Você deve procurar um psiquiatra que te ajudará a enfrentar os desafios naturais dessa realidade que agora também é sua. E onde está o pai da criança?

— É difícil... — Carmen preferiu omitir o fato de que o pai só iria até a porta. Aquele era o limite. Procurou então mudar de assunto. — Quem transmite a doença para a criança, doutora, o pai ou a mãe?

— Genética, ambiente, psique, nada disso é capaz de desenvolver a síndrome. Fique tranquila, Carmen, você não fez seu filho ficar doente. Ele nasceu assim. Podemos dizer que é resultado de um acidente genético.

— Mas... E se o pai... Quero dizer... Bater no filho?

— Por quê? Seu marido...

— Imagina... — Carmen interrompeu a médica. — O que mais é afetado por essa síndrome? É... Como ele vai ficar? — desviou o olhar e o assunto.

— As áreas de desenvolvimento cognitivo, comportamental, motor são atingidas, portanto as habilidades para leitura, escrita e matemática são afetadas, por outro lado, o indivíduo portador de Síndrome de Williams tem grande talento musical e muita sensibilidade para lidar com as pessoas. Pedro pode vir a ser um grande músico — A médica sorriu.

— Toda dificuldade desse primeiro ano de vida então é consequência da doença?

— Sim, Carmen. No primeiro ano de vida, a criança portadora dessa síndrome recusa alimentação, é bastante irritável e chora demais.

— Pedro não anda, não fala... Nem mamãe!

— Estão aí mais alguns sintomas. Essas crianças começam a falar tarde, somente por volta de um ano e meio de vida. Mas a sociabilidade delas é impressionante. Constantemente usam linguagem não-verbal. Imagino que Pedro seja sorridente.

— Tem razão.

— Mais uma coisa, Carmen: você vai notar que Pedro terá características físicas bastante peculiares. O nariz será pequeno e empinado e os cabelos, encaracolados, além disso, os lábios serão cheios e os dentes pequenos. Preste atenção: se precisar de alguma coisa, Carmen, qualquer coisa... Você sabe... Se o pai dele...

— Não se preocupe — Carmen mais uma vez interrompeu a possível conversa sobre o marido nada delicado que tinha —, nós vamos ficar bem.

Ao saírem do consultório da pediatra, Carmen e Pedro foram para casa. De táxi. Ela se perguntava se Marcos participaria mais da vida do filho, depois de conhecer essas dificuldades.

Em casa, sentado no sofá em frente à televisão desligada, Marcos esperava pelos dois. Um copo de cerveja na mão. Duas garrafas vazias, no chão.

Naquela noite, o silêncio cuidou dos três.

No dia 08 de novembro, de 1994, Pedro teve sua primeira festa de aniversário. Os amigos Roberto e Michele também comemoraram com ele. Foi do casal que Pedro ganhou o presente que por muitos anos seria sua companhia: Rose, sua chinchila.

11

A chuva batia na janela que o vento balançava enquanto assobiava um ritmo fúnebre. Na cama, Carmen olhava para o teto e evitava a figura ao lado. O homem ali jogado tornava-se menos seu cada dia que passava. A conversa com Roberto às vésperas do aniversário de Pedro ainda estava viva na memória de Carmen. Ela precisava tomar um rumo na vida. Escolher o caminho. Havia deixado a faculdade de jornalismo para casar-se, exigência de Marcos. Mas agora, com Pedro já dando os primeiros passos e falando suas primeiras palavras, e o marido, às vezes, mais aberto ao diálogo, talvez pudesse buscar algo para fazer fora de casa. Uma profissão. Quem sabe, voltar para a faculdade? Pensou também em dar aulas, era boa em redação. O que fazer era menos importante que a própria tentativa de procurar uma ocupação. Os dias em casa tornavam-se cada vez mais longos. Sem saber o que esperar do mercado, decidiu procurar emprego. Sabia, muito menos, o que esperar do homem ao lado. Mas esperava, com sincero desejo, que ele ficasse fora do caminho escolhido por ela.

O despertador tocou às seis da manhã. O marido ainda dormia. Carmen levantou-se com cuidado e deixou aquele ronco distante ao sair do quarto. Queria preparar um ótimo café da manhã. Animar-se. Ter coragem.

Ouviu Pedro acordar.

—Vem! — a voz de timbre alto e firme emitia sons que talvez fizessem pouco sentido a quem não fosse Carmen. — Mama! — mas era música para os ouvidos dela.

Depois de pegar Pedro no berço, ela o colocou sentado na cadeira e terminou os preparativos do café-da-manhã. Ele sorriu para a mãe e comeu todo o cereal.

Diariamente, Carmen e Pedro saiam para caminhar. Ele em seu carrinho, ela empurrando-o. Algumas vezes, Rose, a chinchila que Roberto e Michele deram, também ocupava o carrinho. Impreterivelmente, ao retornarem, Marcos, sentado à mesa do café-da-manhã, desaprovava o café de Carmen. A interação entre os dois se resumia nesse monólogo crítico e incabível.

Aquela manhã foi igual às outras, exceto pelo jornal que Carmen trazia debaixo dos braços.

— Você ainda não aprendeu a fazer café? Esse, minha filha, está frio e doce — vociferou antes mesmo de ela fechar a porta da rua.

Impertinente. Carmen não usava açúcar.

— Tem nada pra comer nessa casa. Você comeu o quê? — ele insistiu em uma conversa sem sentido.

— Marcos, aí na mesa, bem perto de você, tem pão, frutas, queijo. Pode escolher o que vai comer.

— Está engraçadinha... — ele finalmente olhou para ela. — Esse jornal aí é pra mim?

— Não.

— Como assim? Você nunca lê jornal.

— Nunca leio porque você joga fora. Hoje quero ler. Este eu comprei.

— Jogo fora porque você não precisa dele. Mulher quando sabe das coisas, é impossível. Traz aqui que vou ler enquanto como — Marcos passou manteiga no pão e deu uma mordida. — Você comprou, mas o dinheiro é meu — mastigava as palavras junto com o pão. — E está olhando o quê? Traz logo o jornal aqui, mulher. Fica aí encarando a gente.

— Marcos, quero ler o jornal.

— Vai cuidar de seu filho e me dá logo isso aqui. E tem ainda esse animalzinho retardado para cuidar. Pelo menos esse aí só corre na roda, come, caga, dorme e não chora. Seu filho bem que podia ser assim.

As opções eram escassas: dar o jornal àquele troglodita, ou manter o jornal debaixo do braço e correr o risco de viver uma nova cena de brutalidade e estupidez. Carmen resolveu conversar, o que não estava entre as opções, mesmo assim insistiu.

Falou. Finalmente expôs o que até aquele momento só tivera coragem de refletir com o teto do quarto, ou, às vezes, o espelho do banheiro. Tentou dividir com o marido a alegria de ver o filho em pleno desenvolvimento e o desejo de trabalhar. Pedro estava mais feliz, crescia saudável; ela também queria sentir-se feliz, realizada.

— Eu não preciso, Marcos, ficar o tempo todo em casa como antes, quando ele ainda estava mal... Você sabe...

— Sei. Lugar de mulher é em casa.

— Mas, Marcos...

— Mas, Marcos — ele repetiu afinando a voz em uma imitação barata de Carmen —, Marcos isso, Marcos aquilo... Que mulher chata — ele bateu o punho fechado na mesa, depois se levantou.

— Calma, só quero conversar.

— Quer conversar? Então senta aí, Madame — Marcos puxou a cadeira para Carmen sentar-se. — Deixa o menino comigo — ele esticou os braços.

Carmen colocou o filho nos braços do pai. Aproximou-se da cadeira para sentar-se e tentar conversar civilizadamente. Só não esperava pela brincadeira de Marcos.

— Pronto. Agora posso ler meu jornal em paz — foram as últimas palavras de Marcos que Carmen ouviu antes de desmaiar ao bater a cabeça no chão da cozinha.

•

Carmen despertou com o frio do piso em cerâmica a penetrar a pele e gelar os ossos. Era difícil precisar quanto tempo ficara ali. Poderia supor que fora bastante. O sol alaranjado forçava sua entrada pela persiana da sala.

— Pedro? — foi a primeira preocupação de Carmen. — Tudo bem, filho? — respirou fundo e notou cheiro de gás. Tonta, não conseguiria ficar em pé, mal enxergava o que estava entre ela e o fogão. Rastejou. Tentava prender a respiração. O primeiro obstáculo era a própria cadeira de onde caiu. Ultrapassou. Apertou os olhos; queria forçá-los a enxergar os botões no fogão. Estavam todos fechados. O botijão, coberto por uma saia florida, estava caído, a mangueira, desconectada. Sem saber se pela pancada, ou pela intoxicação, Carmen parecia delirar. Ouviu o choro de Pedro e o riso de Marcos. Tentava se arrastar, parecia não ter pernas, nem braços. Talvez estivesse amarrada. Tentava gritar, a boca não conseguia fazer som. Mais uma vez tentou se levantar, caiu.

Os olhos se fecharam. Ainda podia ouvir risada e choro.

•

Em silêncio, a casa amedrontava. Levantou-se trôpega. Passou a mão na cabeça, sangrava. Sentiu seus olhos fecharem-se involuntariamente. Respirou fundo, o cheiro de gás era fraco. Sentou-se. Queria levantar-se e procurar por Pedro. Sentia-se tonta. Permaneceu quieta por segundos antes de novamente tentar levantar. Temeu cair de novo. Decidiu permanecer ali, apenas pronunciou o nome do filho antes de ficar em silêncio, baixar a cabeça e chorar. Chorou até adormecer.

•

— Acorda, bela adormecida! — a voz de Marcos despertou Carmen. — Estava aí num sono profundo que nem nos ouviu sair. Parece até que andou consumindo tóxico!

— Cachorro. Onde está meu filho? — ela mal conseguia levantar o rosto para falar com ele.

— Calma. Ele está deitado. Nós nos divertimos bastante antes de sair para passear enquanto você babava aí na cozinha. Mulher que inventa moda paga pelo que faz.

Ele a deixou na cozinha.

— E então, vai desistir da ideia? — gritou da sala.

— Vou Marcos, você tem razão, lugar de mulher é aqui — ela batia na mesa da cozinha —, nesse cômodo. Minha obrigação é cozinhar para o marido, depois vou para o quarto e trepo com ele. No banheiro, lavo o corpo, sujo.

Carmen levantou-se. Ainda um pouco zonza, passou por Marcos e entrou no quarto de Pedro. Ele dormia. Deu graças a Deus por ele não tê-la ouvido. Saiu do quarto.

— Desculpe, Marcos. Fiquei nervosa. Você tem razão.

Naquela noite, depois de cozinhar para ele, cuidar do filho, trepar, Carmen fitou o teto ao som do ronco de Marcos e da chuva que batia na janela, sem ainda saber que rumo dar à vida.

12

Nove anos depois. A rotina matinal era a mesma: arrumar o filho, levá-lo para a escola, servir o marido.

Naquele dia, depois da escola, Carmen mudaria tudo.

O marido, largado na cama com hálito etílico e pouco envolvente, deixaria de lado, não se atreveria a enfrentar.

Saiu silenciosamente.

No café, com dificuldade, abriu o portão.

Quando finalmente entrou, surpreendeu-se: Grãos e Letras já não era um sonho. O aroma de festa, mistura de perfumes, café e flores, ainda pairava no ar. Agora, com a quietude do salão, podia concentrar-se e sentir a presença, nas cores das capas, no cheiro de papel, no toque em cada exemplar, dos escritores que, enfileirados, esperavam pelo próximo leitor. O som do tilintar de copos, dos talheres na porcelana, das conversas descontraídas ainda eram música a tocar a alma de Carmen.

Como se quisesse certificar-se do sucesso da noite anterior, examinou cada ambiente do café.

— Bom dia, Carmen! Pelo largo sorriso, imagino que esteja feliz com a inauguração.

— Foi muito bom. Mas você viu que estamos com problemas...

— Você e Marquito são demais — ela interrompeu a amiga. — A propósito, eu ainda não tive chance de agradecer.

— Por quê? Agora se você me der licen...

— Como assim por quê? Vocês me arrumaram esse emprego. Eu estava "na rua da amargura" — ela fez sinal de aspas com os dedos. — Desde que meu pai perdeu tudo, minha vida foi trabalhar aqui, trabalhar ali... Deus os abençoe e faça com que fiquem juntos pra sempre.

Jey abraçou Carmen que, desconfortável, esquivou-se daquela bênção. Teve receio de alcançar a graça desejada pela amiga. Apenas queria resolver o problema de infiltração, ameaça a seu tão sonhado negócio.

— Tenho que dar um telefonema — Carmen falou rápido antes que fosse interrompida —, depois você agradece ao Marcos — saiu e deixou a amiga falar sozinha.

No escritório, da gaveta pescou o cartão que Juvenal lhe entregara na noite anterior. Olhou por alguns instantes. Não havia nome. Começou a discar o número de telefone. Desistiu no quinto dígito. E como Juvenal fosse sujeito de brincadeiras e piadas, duvidou do cartão, pensou em jogá-lo fora, optou por mantê-lo dentro da gaveta.

Levantou-se. Ali mesmo andou em círculos a procura da solução.

Cabeça baixa, braços para trás, um pé depois do outro, Carmen tentava decidir seu próximo movimento.

Telefonar e insistir na busca por alguém. De preferência, que tivesse um nome.

Da lista que organizou, ligou para todos. Da letra A até Zoroastro, talvez por ser final de ano, ou por ser época de chuva, ninguém poderia fazer o trabalho naquele dia. A manhã acabara quando se deu conta de que, presa no escritório ao telefone, deixou de apreciar a casa cheia.

Com a cabeça erguida, estendia a mão; um cliente após o outro, Carmen cumprimentou. O sorriso a lhe denunciar. Realizara um sonho.

A figura de Marcos, óculos escuros, silencioso, sombrio, invadiu o cenário. Ela o seguiu até o escritório.

— Precisamos resolver o problema da infiltração e do portão de entrada, hoje ainda.

— Não se mete com isso, Carmen. Seu lugar é na cozinha. Reforma é coisa de homem.

— Mas...

— Mas nada. Não encha o saco. Deixe eu resolver coisa mais importante aqui.

Ela saiu do escritório encucada com a situação. Se deixasse aquilo como estava, logo haveria livro mofado, cheiro desagradável e, possivelmente, uma advertência da Vigilância Sanitária. Precisava tomar uma atitude.

— Com licença, Marcos — ela voltou ao escritório —, vou pegar minhas coisas, buscar o Pedro na escola e depois volto para orientar o pessoal da cozinha.

— Deixe Pedro com alguém, aquele menino vai incomodar os clientes.

— Aquele menino é seu filho — ela se aproximou da mesa. — Preciso pegar uma coisa aqui na gaveta.

Abriu a gaveta, apanhou o que precisava e quando ensaiava despedir-se do marido, foi interrompida por ele.

— Tudo bem, mas se a gente perder cliente porque tem menino chato no pedaço, depois não reclama.

De costas àquele disparate, ela saiu em silêncio.

A um passo da rua, parou. Voltou-se para o salão: espaço preenchido, mesas ocupadas. Finalmente, Carmen possuía algo em que se segurar. Sentia que havia se enterrado em algum canto perdido para ali renascer. Em pé, diante de seus clientes, ela se deu conta de que podia mudar o infortúnio em que se metera.

Segurava aquele cartão.

Virou-se. Partiu.

•

Retornar ao café com Pedro seria voltar para a desagradável companhia de Marcos. Mudou de planos.

— Boa tarde — Carmen respondeu à voz feminina do outro lado da linha —, quem me passou seu telefone foi Juvenal, da Bahia.

— Sim, claro. E como posso ajudá-la?

— Preciso falar com um pedreiro.

— Qual exatamente o problema que a senhora quer resolver?

— Infiltração.

— Nesta época do ano... Típico.

— E então? Tem alguém disponível para me enviar?

— Sem dúvida. A que horas? Local?

Carmen levantou o braço em comemoração. Depois de se distrair por alguns segundos com a alegria e o alívio de, finalmente, encontrar solução para o problema, informou os dados necessários para o encontro. A voz reafirmou: à tarde o problema de infiltração estaria resolvido, ou pelo menos, encaminhado.

— Qual é o nome do pedreiro que vai me mandar?

Do outro lado já não havia mais ninguém. Sem resposta, Carmen desligou. Restou-lhe torcer pela solução dos problemas. A última coisa que queria, era um incompetente para reforçar os conceitos machistas de Marcos. Desejava o direito de sair da cozinha e se intrometer. Não precisava de limites para agir sobre seu sonho.

•

— Achei que você tivesse falado que não viria à tarde — Marcos estava na entrada do café quando Carmen chegou com Pedro.

— Mudei de ideia... — sem prolongar a conversa, Carmen passou por ele. — Aliás... — ela voltou. — Você comentou que ia resolver algumas coisas hoje à tarde. A que horas vai sair?

— Já vou. Estava só esperando Jey chegar, mas já que você está aí...

— Pode ir. Cuido de tudo.

— Cuida desse menino... Comporte-se aí, viu garoto. — pela primeira vez no dia, Marcos olhou para Pedro.

Pedro sorriu.

— Vamos trabalhar, Pedro? Já para o escritório! — Carmen e filho correram para o escritório onde passaram os poucos minutos que antecederam a chegada do pedreiro.

•

— Carmen, com licença — Jey entrou no escritório —, tem uma pessoa aí. Quer falar com você. Disse que veio olhar uma infiltração.

— Vou lá.

— Mas... O Marquito já olhou isso...

— Diz que já vou.

— Ao Marcos? Mas ele não está aqui.

— Ao pedreiro, Jey — Carmen riu.

— Claro! Mas não é pedreiro... — ela riu de lado.

Carmen saiu do escritório sem entender Jey. No salão procurou pelo pedreiro.

— A senhora é dona Carmen? — uma mulher perguntou.

— Sim. Em que posso te ajudar? — perguntou sem olhar no rosto da mulher. Ainda procurava o pedreiro.

— Vim resolver seu problema.

— Não entendi — desconfiada, Carmen olhou para a mulher que vestia um macacão e segurava uma maleta.

— Infiltração!

— Claro... É... Eu esperava...

— Um homem? — ela interrompeu Carmen.

— Não... Imagine...

— Clarissa. Muito prazer. Onde devo começar?

Carmen encarou, por alguns segundos, a mão estendida para ela. Grande, o dorso era da cor de chocolate, a palma, mais clara. Depois de segurá-la, duvidou que mão tão macia pudesse pertencer a alguém de ocupação tão rude. A leveza do toque a distraiu até que Clarissa recolheu o braço.

— Vamos? Onde está o problema?

— Claro... — Carmen se recuperou da falta de reação.

Ainda desconfiada de que aquilo pudesse ser algum tipo de brincadeira de Juvenal, Carmen levou Clarissa ao local da infiltração. Olharam detalhes. Clarissa tirou as estantes que poderiam ser atingidas pela água. Carmen ficou impressionada com os braços musculosos da mulher. Clarissa explicou que precisava raspar, aplicar impermeabilizante, pintar a parede, além de refazer uma das estantes; a madeira, bastante molhada, apodreceria rapidamente. Carmen sentiu seu olhar parar nas pernas de Clarissa e teve certeza de que se não era brincadeira de Juvenal, só poderia ser do destino. Aquela mulher chamara sua atenção. Quando começaram a tratar de preço, Marcos chegou.

— Jey disse que você estava com pedreiro aqui? — ele questionou desconfiado.

— Clarissa, senhor — ela pretendia apertar a mão de Marcos.

— Pode ir embora que já resolvi o problema — ele não retribuiu o gesto e olhou para Carmen. — Preciso falar com você no escritório.

Carmen pediu a Clarissa que esperasse por ela. A Pedro, que de longe acompanhava a conversa da mãe, pediu que trouxesse um café.

— Esse garotão vai sentar comigo? — ela sorria para Pedro que, sem cerimônia, colocou a xícara na mesa, puxou uma cadeira e sentou-se. — E então...

— O nome dele é Pedro. — Carmen a interrompeu.

— E então, Pedro, tem coisa de comer aqui, ou só tem café?

— Tem pizza — Pedro foi rápido para responder.

— Meu prato predileto — Clarissa piscou para ele.

— Vocês vão querer de quê? — Carmen perguntou sorrindo para os dois.

— Marguerita — os dois falaram juntos. Riram.

— É pra já — Carmen curvou-se para os dois. Foi falar com Marcos no escritório, depois de fazer o pedido na cozinha.

— Qual o problema, Marcos? — perguntou depois de entrar e fechar a porta do escritório. — Você fingiu resolver a infiltração. Daqui a pouco a gente perde livros, móveis e, o pior, clientes. E tem o portão. Mas isso vou deixar pra depois.

— Olhe, agora vou fingir que você não estava tentando fazer coisa sem minha autorização. Sorte a minha que voltei antes de você fazer bobagem.

— Ela é competente, Marcos. Juvenal indicou. Você sabe: ele tem experiência. O sujeito é dono de pousada há anos, na Bahia.

— Aquele bicha tem experiência? Conta outra.

— Marcos...

— Está bem — ele suspirou. — Vou esquecer como as coisas aconteceram. Vai. Negocia lá... Mas é sapatão, né?

— Grosso. De onde tirou isso agora? Precisa me xingar o tempo todo? — ela murmurou e saiu do escritório.

Teria seu encantamento pelas mãos, músculos, pernas da mulher ficado tão óbvio?

De volta ao salão, Carmen parou ao lado da mesa onde Clarissa e Pedro ainda degustavam o prato predileto. Observou-os enquanto tentava imaginar se sentar-se com aquela mulher significaria confirmar seu desejo. Perguntava-se se Marcos, em sua loucura, imaginasse que Carmen chamara Clarissa porque estava mesmo interessada por ela. A palavra sapatão ainda ecoava em seus ouvidos. Afinal, ele falava de quem?

Puxou a cadeira; permaneceu em pé por alguns segundos antes de ser convidada pelo olhar de Clarissa. Precisava negociar o preço da reforma. Sentou-se, então, ao lado de Pedro. Depois da pizza, um cappuccino, mais conversa e, por último, as necessárias negociações de preço e prazo. A obra ficaria pronta e definitiva em três dias.

Ao despedir-se de Clarissa, Carmen sentiu que seus lábios sorriam como jamais fizeram antes. Desejou que o dia seguinte começasse o mais rápido possível.

Pedro parece ter percebido a alegria da mãe. Sorria enquanto acenava para Clarissa.

— Ainda bem que ela vai voltar, não é mãe?

13

Grãos e Letras estava livre de infiltrações e caminhava contra as previsões negativas de Marcos. A cada mês as vendas aumentavam, o movimento era mais intenso e os eventos, um sucesso.

— Precisamos contratar mais gente, Carmen.

— Finalmente, Marcos — ela suspirou —, você concorda comigo em alguma coisa. O movimento está uma loucura!

— Graças a Deus.

— Olhe, os clientes só elogiam; estão bastante satisfeitos com nosso serviço...

— Deus seja louvado — Marcos interrompeu Carmen, olhou para o teto, fechou os olhos.

— Você está bem, Marcos?

— Claro. Agradeço ao Senhor pela graça alcançada.

Carmen não entendeu bem o que acontecera com Marcos, mas resolveu não perguntar. Já estavam no último item da pauta da reunião e ela queria terminar logo, orientar o pessoal da cozinha e buscar Pedro na escola.

— Então agradeça depois. Vamos terminar a reunião, Marcos? Você dizia que está na hora de contratar mais alguém. Em que tipo de pessoa pensa?

— Alguém que possa ajudar Jey na gerência quando nós não estivermos aqui. Você precisa ficar mais em casa, Carmen. Pedro e a casa precisam de você.

— Eu também acho — rapidamente, antes que Marcos mudasse de opinião, Carmen assentiu, ainda que não pensasse como ele.

— Vou procurar...

— Não! — ela o interrompeu. — Quer dizer... Fique tranquilo. Já sei quem podemos contratar. Precisamos de uma mulher. Você sabe...

— Sem dúvida. Finalmente você começou a me entender.

— Pensei em Clarissa. Ela é boa...

— Quando penso que finalmente endireitou essa cabeça vazia, você me vem com ideias malucas. Aquela mulher é pedreiro, sabe mexer com tijolo, tinta. Vai ser um fracasso com os clientes.

— Pedro se deu super bem com ela e Jey também gostou dela.

— Desde quando Pedro é parâmetro?

Discutiram por alguns minutos. Marcos insistia na ideia de que Clarissa era sem jeito, sem educação; Carmen, obstinada em convencer o marido, falava da competência em cumprir prazo com serviço bem feito. A conversa parecia não evoluir.

— Não tem... Sex apeal. Se é que me entende...

— Cansei, Marcos. Vou trabalhar; é o melhor a fazer. Conversa com a Jey. Ela pode te falar o que pensa de Clarissa. Com esses argumentos impertinentes... Tenho preguiça de conversar com você.

Carmen saiu do escritório na esperança de que a amiga pudesse ajudá-la a convencer o marido. No fundo sentia ansiedade. As mãos transpiravam. Queria Clarissa por perto, não sabia exatamente por quê. Na cozinha, sugeriu o prato do dia. Na amiga Jey, alimentou a esperança de rever Clarissa.

— Boa ideia, Carmen. Já falou com Marcos?

— Já, mas ele discorda. Quem sabe você fala com ele? Tenho certeza, ela vai ser uma boa aquisição para o café.

— Sem dúvida. É bastante competente. Vou falar com o irmão.

— Do que você está falando? Que coisa é essa de irmão?

— Querida, ele não te contou? — Jey lançou olhar de vencedora. — Nós agora frequentamos a mesma igreja.

— Então conversa com seu irmão — Carmen deu um tapinha no ombro da amiga. — Preciso buscar Pedro.

•

O contato com Clarissa havia sido breve. Três dias para consertar a infiltração. Intensos. Carmen assistia Clarissa nas decisões que tomava; sem hesitar, autorizava qualquer mudança. Moveram estantes e mesas. Juntas, compraram tinta e massa. Clarissa fez hora-extra, Carmen também. Enquanto uma trabalhava ouvindo ópera, a outra, do escritório, pegava carona no aparelho de som da pedreira, música que amenizava o barulho das ferramentas.

No terceiro dia, Marcos avisou Carmen que ficaria no café até Clarissa terminar o serviço.

— Imagine, Marcos, você está cansado. Eu fico.

— Vai pra casa cuidar de Pedro.

— Ela é mulher. Não sei se fica bem vocês dois aqui sozinhos à noite.

— Está com ciúme? — Marcos gargalhou — Gostei. Resolveu agir como esposa? Pode ficar tranquila, mulher que houve ópera, carrega tijolo e é queimadinha não é meu tipo — se aproximou. — Então fica, mas quando chegar em casa vou querer ver o que minha esposa branquinha e limpinha sabe fazer no maridão aqui — cochichou no ouvido de Carmen enquanto passava a mão nos seios dela.

Carmen o levou até a saída, trancou a porta, suspirou.

— Vamos tomar café e comer pão-de-queijo? — gritou, sua voz sobrepôs-se a de Violetta, cortesã de Verdi.

— Obrigada, Carmen, mas estou aqui tentando voltar as estantes para o lugar.

— Vou colocar o pão-de-queijo no forno e já venho.

Quando a porta da cozinha bateu atrás de Carmen, deixou do lado de fora, distante, a bela voz da soprano interpretando La Traviata e Clarissa, a materialização de um desejo escondido, a tentação de se jogar em braços tão receptivos. Na mente ficou a imagem: mãos, músculos, pernas. Beleza quase irresistível.

Finalmente sentia-se capaz de conversar, compartilhar e ser compreendida por alguém. Não havia agressão.

Carmen podia ser ela mesma.

Até o telefone tocar.

— Estamos colocando os livros no lugar. Ficou ótimo. Fica tranquilo, assim que acabar aqui eu volto para casa.

Mas queria passar a noite ali. Desejou desfrutar da boa companhia que há muito não experimentava. Havia esquecido o prazer de estar com alguém agradável, interessou-se por reviver esse deleite. Desligou-se de Marcos. Aproveitou, enquanto pôde, a companhia de Clarissa.

— Seu marido já está preocupado.

— Imagine...

— De toda forma eu preciso ir. Já está tarde.

— Você tem marido?

Clarissa riu e foi se trocar.

Enquanto esperava, da janela, Carmen observava o vazio da rua. Por vezes, tinha medo de ficar tão sombria quanto aquele quarteirão. Temia que seu coração permanecesse desabitado.

— Que susto... — ela reagiu ao sentir o toque de Clarissa no ombro.

— Desculpe-me.

— Bobagem — virou-se para Clarissa —, foi só um susto.

As duas olharam-se nos olhos.

Por algum tempo.

— É melhor eu ir — Clarissa interrompeu o silêncio.

— Fique... Quero dizer... Eu te levo. Está tarde.

— Seu marido já está impaciente. Eu vou daqui mesmo. Vou te poupar um tempão. Obrigada.

— É perigoso. A rua está vazia.

— Estou acostumada, tchau, Carmen — ela se virou.

— Espera... Você gostaria de trabalhar para mim? Digo... Para o café?

— Como assim? Já está tudo resolvido. Ficará livre de reforma por bastante tempo.

— Bobagem minha. Você tem razão. Se eu precisar de alguma coisa... Aqui no café, claro, eu ligo. Obrigada — Carmen despediu-se de Clarissa com um beijo, roubado, na bochecha.

Clarissa riu, caminhou sob o olhar de Carmen, virou a esquina, desapareceu.

•

— Se eu não soubesse que você estava com uma mulher, ficaria puto — Marcos surpreendeu Carmen quando ela entrou em casa —, e pensaria que você estava querendo me colocar um par de chifres.

— Que isso, Marcos... — ela passou direto pela sala e parou à porta do corredor — Vamos deitar. Já está tarde.

— Só para constar: eu não sou homem de carregar chifres. Você já deve me conhecer bem.

No quarto, enquanto Carmen se arrumava para deitar, Marcos a rodeava, qual cachorro a farejar seu território.

Deitaram-se.

— Você bebeu — no escuro, ele sussurrou.

— Só um gole de vinho.

— Eu esperei minha mulher chegar, agora quero ela aqui — ele batia na barriga —, em cima de mim. Estou doido pra sentir seu peso.

— Está tarde.

— Há muito tempo você não me dá aquele trato.

— Estou cansada...

— Pouco me importa. Estou doido pra te comer, mulher.

Carmen transou com Marcos.

Pensava em Clarissa.

•

Depois de buscar Pedro na escola, ela almoçou em casa antes de voltar para o café. O assunto da contratação, ainda pendente, causava-lhe certa ansiedade. Rever Clarissa era, sobretudo, necessário. Ter alguém a mais na equipe, nem tanto.

No escritório, encontrou Jey de saída. A amiga disse nada. Apenas piscou um olho.

Carmen entrou.

— Pode ligar pra sapatão.

— Como assim, Marcos? — agiu blasé. O momento era de disfarce; escondia quem realmente era. — Está falando de quem?

— Daquela mulher pedreira. Sapatão. Negona.

— Deixe de ser grosso.

— Você quer ou não quer chamar aquela mulher?

— Tudo bem — ela suspirou —, ligo pra ela — fingiu desinteresse. — Alguma recomendação?

— Sem sacanagem no meu café. Se for mesmo sapatão, deixe isso lá fora. Aqui dentro, vai ser mulher. O bom é que tem muito macho que gosta de uma negona. Vai ver até a gente salva essa pobre alma.

Carmen deu as costas a Marcos. Sentia-se mestre na arte de ignorar absurdos. Graduada na façanha de esconder-se. Feliz por seu filho não ouvir tantos disparates. A distância do pai, nesses momentos, era bênção para o filho. Preconceito era número um na lista de Marcos. Ou, como ele dizia, reconhecimento de que uns são melhores que os outros.

Distraiu-se um pouco com o trabalho para, ao final da tarde, tentar contatar Clarissa. Em vão. O telefone do cartão de visita não existia mais. Depois de tanto tempo, talvez ela tivesse retornado à Bahia. Talvez Juvenal soubesse onde encontrá-la. Talvez ela simplesmente não pudesse contar com Clarissa.

Talvez...

Marcos tentou convencer Carmen de que seria perda de tempo.

— Esse pessoal não gosta de trabalhar, Carmen, procura outra pessoa.

— O que você quer dizer com "esse pessoal"?

— Baiano, minha filha. Eles só querem saber de axé. Estou dizendo: contrata logo outra pessoa. Se insistir nessa aí, vai perder seu tempo.

— Vou tentar com Juvenal. Se também tiver perdido Clarissa de vista, aí sim, desisto.

À noite, como há muito não fazia, Carmen rezou. Pedia que pudesse encontrar a pessoa que reacendera a esperança de haver vida própria. Rogava que seu desejo não fosse pecado para que as entidades pudessem atendê-la. Sonhou com as mãos, músculos e pernas de Clarissa.

Em frente ao Grãos e Letras Carmen e Clarissa desceram do carro. Lado a lado passaram pelo portão. A cada passo os corpos, ainda mais desejosos, aproximavam-se. As mãos tocaram-se, os braços, depois os ombros. No salão, a luz suave, amarelada, aconchegava os sorrisos. Frente a frente, os olhos penetraram-se e a distância fez-se ausente. Os lábios tocaram-se.

Carmen despertou.

Telefonou para Juvenal.

— Querida, tem muito tempo que eu não a vejo. Como ela ficou por aí para fazer alguns serviços que arrumou, perdi contato. Era bom quando ela morava aqui na Bahia, qualquer problema na pousada, aqui estava ela pra me ajudar. Fiquei mal acostumado.

— Ela fez um serviço aqui no café... Aquela infiltração. Lembra?

— Claro. Então foi aí... — Juvenal deu uma pausa.

— Aqui? O quê?

— Carmen, Clarissa foi embora porque você está casada.

— Como assim, amigo?

— Ela me contou uma história de que conheceu alguém para quem fez um serviço. Falou que consertou um problema de infiltração, construiu uma estante nova...

— Espera aí, Juvenal. — Carmen levantou-se, fechou a porta do escritório, voltou para o telefone. — Agora conta tudo.

— Não sei direito o que houve. Ela não me deu detalhes. Mas falou que havia se apaixonado pela mulher que a contratou, mas a mulher...

— Casada...

— Então...

— Sou eu, Juvenal — ela suspirou —, e acho que também me apaixonei.

— Uau! — ele gritou do outro lado da linha. — Adoro romance!

Romance. Aquela palavra revelou o sentimento de Carmen. Apaixonara-se por uma mulher. Agora estava claro, o sonho, o desejo, a quase entrega tinha nome: paixão.

Mas estava casada.

— Querida, vai atrás dela — foram as últimas palavras que Carmen ouviu Juvenal pronunciar. Desligou o telefone e saiu.

Sair para onde?

Carpintaria. Carmen lembrara-se onde poderia achar Clarissa. Encontrara um rumo para a vida. Em pouco tempo talvez estivesse com Clarissa. O que diria a ela? O que diria a Marcos?

Pensou em voltar atrás.

14

Apaixonada. Uma semana depois de encontrar Clarissa na carpintaria e convencê-la a trabalhar no Grãos e Letras, Carmen concluíra: seu caminho estava descoberto, traçado. Queria embrenhar-se por aquela estrada. Ser, finalmente, feliz.

Mas ainda estava casada.

•

O sábado estava agitado no café. Lançamento de livro, música ao vivo, buffet de café da manhã. Pessoas se esbarravam, cumprimentavam-se, cantavam.

Marcos.

Clarissa.

Pedro.

Por onde começar?

— Precisamos conversar assim que tivermos tempo — Carmen segurou Marcos pelo braço. Olhou em seus olhos. — É importante. Precisa ser hoje.

Continuaram o que faziam.

Ela, com a cabeça no futuro.

Depois que os clientes esvaziaram o ambiente, Carmen dispensou os garçons, Jey e Clarissa.

— Jey, leva Pedro? Eu preciso conversar com Marcos em particular.

— Claro. Você busca Pedrinho lá em casa?

— Sim — virou-se para Pedro, mas não precisou se explicar.

— Fica tranquila, mamasita! Eu te espero na casa da tia Jey.

Despediram-se.

Marcos estava na cozinha quando Carmen entrou.

— Foi um sucesso — ele comentou.

— Sim, Marcos, o café está super bem. Todos os eventos que fazemos são sucessos. As pessoas ficam felizes aqui. A música é sempre boa, etc., etc., etc.

— E então, você deve estar super realizada, por que essa cara? — aproximou-se dela. — Acho que estou mais apaixonado por minha mulher.

— Quero me separar — ela deu alguns passos para trás.

O tempo parecia ter parado, e as palavras, escapado de vez.

Mergulharam no silêncio.

Sem saber quanto tempo passara depois da última palavra pronunciada, Carmen respondeu ao gesto de Marcos e saiu calada. Sentia que deixara o verbo a flutuar no ambiente.

Temeu a reação de Marcos.

15

Cinco anos depois da reforma, a infiltração no Grãos e Letras voltara. Carmen não conseguia dormir. Naquela manhã, como Clarissa saiu mais cedo para trabalhar nos reparos do café antes de os clientes chegarem, ela mesma aproveitou para levar Pedro à escola e deixar Carmen descansar do evento da noite anterior.

O som da chuva na janela do quarto trazia lembranças. Já havia passado algumas de suas manhãs àquele mesmo som e a admirar o teto. Aquele quarto era diferente: no lugar de luz direta, Clarissa e Carmen optaram por luminárias laterais à cama. O quarto era suíte. Acima da porta do banheiro, um relógio garantia a pontualidade do casal. Naquela cama, naquela manhã, Carmen sentia-se amada, feliz, realizada.

Sonhava acordada.

A campainha interrompeu.

Preferia não precisar levantar-se. Fingiu estar adormecida. Riu. Fingir para quem? A campainha repetiu-se. Carmen suspirou. A campainha insistiu.

— Já vou... — ela sussurrou e levantou-se.

O som insistente do ding-dong continuou até que ela virasse a maçaneta.

— Onde é o incênd... — ela foi interrompida pela porta que, violentamente, atingiu seu rosto. — O que é isso?

— Eu vim buscar meu filho.

— Você está louco, Marcos?

— Vou levar meu filho para a escola e você para casa — Marcos gritava enquanto entrava no apartamento.

— Sai da minha casa — Carmen gritou ainda mais alto. — Vou chamar a polícia.

— Você é minha esposa — ele parou e virou-se para ela. — "Não obstante, vós, cada um de per si, também ame a sua própria esposa como a si mesmo, e a esposa respeite o seu marido." Efésios 6:33. Você é minha, Carmen! Você me deve respeito.

— Marcos, nós nos separamos.

— "O que Deus uniu o homem não separa".

— Entenda. Aceite isso.

— E Deus disse: — Marcos caminhava em direção a Carmen — "Sede fecundos, multiplicai-vos, enchei a Terra e sujeitai-a..." Gênesis 1:28. Nós vamos encher essa Terra, Carmen, porque Deus assim disse.

— Não vou encher Terra nenhuma. Sai da minha casa — gritava, tentava se afastar, mas Marcos insistia em se aproximar.

— Para o bem de nosso filho. Para o seu bem...

— Para o bem de Pedro e para meu bem, me separei de você. Minha vida é com Clarissa.

Marcos, em um ataque de fúria, fechou a porta e começou a jogar ao chão os objetos que encontrava, enquanto gritava que seria a cura de Carmen. Segurou-a pelos braços, olhou fundo em seus olhos e começou a recitar o "Pai Nosso". Carmen tentava soltar-se. Em vão. Ele a levou para o quarto. Ao final da oração, jogou Carmen sobre a cama.

— Vou fazer a maior caridade que já fiz na vida — falava enquanto tirava o cinto da calça. — Você, Carmen, está possuída, vou livrá-la do cão. Receba no corpo a dor da minha chibatada, demônio! Vou curar essa alma que você, cão danado, vai deixar. Saia daí. Deixe-me transformar esse ser doente em mulher.

Repetidas vezes Marcos lançou o cinto contra o corpo de Carmen. Ela tentava se proteger com as mãos, os braços. Queria virar-se, ele não deixava.

Parou de bater.

Começou a despir-se.

Sobre seu corpo, Carmen sentiu o corpo de Marcos. Nu.

— Meu sexo vai transformar sua alma. Vou te curar, mulher doente. Eu sei que foi aquela outra, a do demônio. No dia da reforma no café. Eu jamais deveria ter deixado você sozinha com ela.

Carmen sentia o corpo de Marcos penetrar o seu com gigantesca violência. Sua alma era tocada por ele: animal.

Olhava para o teto. Tentava se esquivar. Mirava o relógio sobre a porta do banheiro. Os minutos passavam e ele permanecia nela. Procurou o teto, mas dessa vez somente via o colchão. Marcos estava às suas costas, penetrava-a novamente. Segurava seus cabelos. Gritava que a salvaria. Como pode um agressor salvar a vítima de sua própria agressão? A voz dela parecia não mais pertencê-la, projetava-se para dentro do travesseiro. O ar começou a faltar-lhe. Talvez fosse melhor que faltasse, que a abandonasse. Preferia perder a lucidez. Quando sentiu a consciência um tênue fio pronto a se romper, Marcos a virou novamente. Olhava dentro dos olhos dela quando de novo a penetrou. No rosto dela, ele deixava marcas de suas mãos, no corpo, marcas de seu próprio corpo e na alma de Carmen, deixou nada. Despejou-se sobre o corpo da mulher jogada na cama. Enquanto gozava, ria. Sua gargalhada era lancinante. Ela, um objeto cortado, mutilado, esvaziado.

— Você é culpada disso — ele se levantou da cama, vestiu-se, saiu do quarto.

Carmen conseguiu pegar o celular ao lado da cama.

— Clarissa, ele esteve aqui...

— Quem, meu amor, não consigo te ouvir direito.

— Marcos...

— Ele aprontou alguma?

— Marcos... — Carmen tentava falar — Marcos...

— Estou indo aí. Fica calma — Clarissa desligou o telefone e correu para o carro.

Carmen acordou quando Clarissa afagava seus cabelos. Aos prantos conseguiu contar o ocorrido. Pediu segredo. Sentia-se envergonhada. Insegura. Carmen tinha medo de ser, mais uma vez, culpada pela agressão. Culpada por ser vítima. A Pedro, diria que sofrera um acidente doméstico. Por sorte seu rosto estava pouco marcado. O garoto merecia acreditar ter um pai normal. A dor que sentia, Carmen não queria dividir com o filho. Decidiu manter entre as duas o sofrimento.

Elas se calaram.

PARTE III

1

Seis meses depois do processo, Carmen sentia que já era hora de voltar. Na Bahia há tanto tempo, a saudade incomodava. Queria recuperar o que havia perdido. O filho, a companheira, o café, a vida. Pensava repetidas vezes nos detalhes do processo. Tentava descobrir em que ponto podia tocar para reverter a situação. Em seus constantes pesadelos, via o juiz, o advogado glutão e Marcos; todos riam dela.

Na pousada de Juvenal, Carmen via o tempo passar enquanto ajudava o amigo na recepção. No vai e vem de hóspedes, mantinha esperança de ver Clarissa como um deles.

Naquela noite de julho, sentada sob o cajueiro, Carmen namorou a lua que, diante dela, exibia seu redondo rosto iluminado. A lua fazia-se presente no olhar de todos, na cor mais branca das roupas, no azul da areia, antes bege. Carmen admirava o satélite enquanto imaginava Clarissa, distante, a observar aquela mesma lua. Se compartilhassem daquela admiração, talvez habitassem uma mesma realidade. Carmen sentia Clarissa presente.

Ria de seu próprio clichê quando diante da luz azul, um vulto colocou-se em pé diante de Carmen. Em vão tentou identificar quem era. Apenas escutou. A música aproximava-se ao mesmo tempo em que a sombra também chegava mais perto. Desejou que fosse Clarissa. Temeu frustrar-se. Finalmente escutou com mais nitidez. Era Clarissa que então, bem perto, sussurrava as notas da última melodia tocada antes de Carmen partir.

— Já esqueceu sua mulher? — Clarissa interrompeu a música. — Esqueceu nossa música?

— Clarissa... — os olhos lacrimejaram. — Saudade... — a alegria de ver Clarissa misturada com medo de que aquilo fosse mais um sonho a fez chorar. Em prantos jogou-se nos braços da companheira. Soluçava. Lágrimas molhavam o ombro de Clarissa que afagava os cabelos de Carmen. Música já não havia mais. No ambiente esvaziado, apenas Carmen, Clarissa e a lua compunham o cenário.

As duas choravam.

— Vamos. Que tal sentar lá dentro? — Clarissa segurou Carmen pelos braços e olhou em seus olhos.

— Parece mentira — Carmen sussurrou.

— Mas é verdade. Vim te buscar.

As duas entraram. No quarto sentaram-se na cama e, por algum tempo, minutos talvez, ficaram quietas, acomodadas nos braços uma da outra. Pareciam querer recuperar o tempo desperdiçado enquanto estiveram distantes. Queriam proximidade. Sentir-se juntas.

— Tem notícia de Pedro? — Carmen interrompeu o silêncio.

— Ele está ótimo. Não pude encontrá-lo, porque Marcos não deixou...

— Imbecil.

— Pedro é nada bobo, Carmen. Ele já sabe bem quem é o pai. Só não consegue brigar, ou ser contra o sujeito.

— Marcos vai para a igreja com ele?

— Parece que sim. Um dia Pedro ligou, queria encontrar, saber notícia sua, mas precisou desligar. Ele conversava comigo de dentro do banheiro e o pai não parava de bater na porta para irem à igreja. Marcos está de marcação cerrada.

— E a Rose?

— Aquela lá é forte.

— Será que ela sente falta de Pedro?

— Certamente. Os bichos se apegam demais aos donos, não é?

— É... — Carmen suspirou. — O que a gente faz, Clarissa?

— Preste atenção: nós vamos voltar. Chega de aguentar essa loucura. Já deu. Esse homem agora vai ter que entender que mexeu com as pessoas erradas. Nós vamos virar essa mesa.

— Não sei se consigo lutar contra ele. Já foi demais...

— Olhe pra mim — Clarissa segurou o rosto de Carmen e mirou dentro de seus olhos. — Eu estou com você. Eu disse que vamos recuperar o que perdemos, então vamos.

As duas se envolveram; naquela noite fizeram amor como se o tempo pudesse ser recuperado. Prometeram jamais haver distância entre elas. Fizeram um pacto. Lutariam para ter a vida de volta. Seriam novamente uma família.

•

Como a lua anunciara na noite anterior, no céu não havia nuvens. Ele pintou-se de azul, aos poucos clareou à luz do sol e deixou para outro dia o alaranjado-cor-de-rosa do horizonte. O calor era intenso, o ar, úmido. Carmen, da varanda do quarto, admirava a felicidade alheia daqueles que nem mesmo podiam imaginar os horrores que ela havia passado. Sentia a expressão vacilar entre a tristeza da impotência e a alegria da esperança que parecia voltar depois de muito tempo ausente.

Deixou a mente vagar.

Ausentou-se.

Até ser envolvida pelos braços de Clarissa. Pelos beijos. Pelo cheiro de alfazema. Até o corpo responder com arrepios ao sussurro no ouvido.

— Adoro seu cheiro.

— Adoro você, Carmen.

O beijo trouxe à lembrança o gozo da noite anterior.

— Que saudade desse cheiro de alfazema.

•

No restaurante, sentaram-se com Juvenal diante de pratos de frutas, cestas de pães, queijos, suco e café. Os três mastigavam pensamentos, até Juvenal interromper.

— Então, queridas, prontas para a luta?

— Acho que sim... — Carmen suspirou e diante dos olhares que esperavam por uma reação mais positiva, arriscou dizer algo, ainda que não acreditasse ser possível — Vamos vencer aquele... Troglodita.

— Carmen, querida, você precisa confiar. Você pode! — Juvenal queria encorajar a amiga.

— Verdade — Clarissa complementou. — Você é quem mais precisa ter força e acreditar na vitória. Agora é matar ou morrer, minha querida!

Os três passaram algumas horas no restaurante. Falavam de como Marcos estava enlouquecido pela igreja, de como Pedro era levado a viver aquela maluquice. Carmen lembrou-se da audiência e das provas apresentadas contra ela. Foi nesse momento que os três entenderam: a situação em que ela estava era resultado das armações do ex-marido aliadas à incompetência do advogado.

Talvez tarde demais, lembrara-se de que a foto utilizada contra ela fora feita por ele mesmo e, portanto, a audiência não passou de uma encenação. Ele estava na mesma festa, foi convidado por Jey e cada um dos amigos tinha uma cópia feita na Polaroid. Alguém do grupo contribuíra para o sucesso da farsa de Marcos.

— Jey?

— Sei lá, Clarissa...

Pessoa de índole duvidosa, amiga de uma mulher que havia sido internada, de um homem que se suicidou, de outro que morrera em decorrência de AIDS. E Marcos, fotógrafo da vez, quem era ele na história? Esqueceram-se do papel que teve? Não lhe dariam crédito?

Juvenal comemorou.

Clarissa levantou a xícara em homenagem às deduções.

Bastava então utilizar as provas dele, contra ele mesmo.

— Você consegue se lembrar de mais alguma coisa, Carmen?

— Juvenal, não sei se tem alguma relação com as acusações de Marcos, mas nas minhas últimas semanas lá, um homem começou a frequentar o café todos os dias. Lembro-me de ter perguntado a Jey se ela o conhecia. Você se lembra, Clarissa?

— Claro. Você ficou intrigada com aquele sujeito. Só não me lembro da cara dele.

— Ninguém sabia quem ele era, Clarissa. Nem mesmo a Jey e ela conhecia todos os clientes. Perguntei, porque algumas vezes vi Marcos conversar com ele nos fundos do café. Eu desconfiava, mas como no nosso acordo de separação eu aceitei que ele ficasse responsável pelas entregas e contato com fornecedor...

— Estranho. E ele te acusou de lavagem de dinheiro também. — Clarissa tentava encontrar a ligação do homem misterioso com o processo. — Pode ser ele o responsável pelas provas.

— Precisamos encontrar... — Juvenal e Carmen começaram a falar ao mesmo tempo. Riram.

— Esse homem — ela terminou a frase. — Uma tal de Jocimara foi citada no processo. Se descobrirmos quem ela é, vai ajudar também.

— Foi citada como? Você não havia comentado...

— Clarissa, aquele dia não consegui colocar o pensamento em ordem.

— Eu sei que foi difícil. Vou ligar pra Jey — Clarissa levantou-se. — Ela está no café e tenho certeza: vai te ajudar.

— Mas... E a foto?

— Carmen, vamos tentar uma coisa de cada vez. Eu ligo pra Jey, se der em nada, a gente pensa em outra coisa.

— Enquanto isso, eu vou arrumar minhas malas, querida — Juvenal também se levantou —, não perco essa briga por nada nesse mundo.

Carmen ficou ainda um tempo no restaurante. Finalmente parecia ter encontrado esperança. Queria Pedro por perto, o Grãos e Letras e sua felicidade. Buscaria onde quer que fosse, aquilo que lhe pertencia. Lutaria.

— Arrume suas malas; vamos buscar o que é nosso! — Clarissa voltou animada depois do telefonema para Jey.

— Como assim? O que Jey contou? — Carmen se levantou rapidamente.

— No caminho, te explico.

•

Saíram para o aeroporto.

Clarissa, no caminho, perdeu-se na paisagem de seu passado.

— Foi por aqui, Clarissa?

— Foi, Carmen, aqui perdi meu filho.

— Coloquei uma cruz pra meu menino — Juvenal olhou para trás. — Porque, Carmen, aquele garoto ia ser meu filho também, sabe? Eu me apeguei a ele nos dias em que cuidei de Clarissa. Olhe ali — Juvenal apontou uma cruz enfeitada no acostamento.

— Linda, meu amigo... Obrigada. Eu não sabia... — Clarissa colocou a mão no ombro de Juvenal.

— Imagine, minha flor... Eu não lhe disse nada para você não ficar triste quando passasse aqui.

— Como posso esquecer este lugar?

— Mas então, Clarissa, agora pense em seu filho que está lá nos esperando salvá-lo do maluco do pai dele. Ai que saudade de Pedro — Carmen riu, abraçou Clarissa. Os três riram em uníssono.

— E me conte o que ia contar que estou morta de curiosidade.

— Vamos que vamos, gente! — Juvenal gritou colocando o braço para fora do carro.

2

Era cedo, o táxi de Clarissa, Carmen e Juvenal estacionou em frente ao café ainda fechado. A nostalgia preencheu Carmen que esperou poder, em breve, sentir novamente o ambiente a que tanto se dedicara. Queria ver as estantes cheias de lançamentos, mesas ocupadas, clientes satisfeitos, parede sem infiltração. Sobretudo, Carmen queria estar com Pedro. Matar saudade, curtir o filho, vê-lo andar de mesa em mesa, cumprimentar clientes, conversar, esbanjar simpatia, desenvoltura.

Poucos minutos de espera e Marcos chegou com Jey. Andavam de braços dados, ignoravam o que acontecia ao redor a ponto de trombarem no menino que distribuía folhetos. Entraram e fecharam-se no café.

— E agora, o que fazemos? Entramos lá?

— Relaxe, Carmen... — Clarissa tentava organizar as ideias.

— Que surpresa esses dois juntos. Quer dizer... Ela sempre fez questão de me dizer que "o que é do homem o bicho não come".

— Eu não imaginava isso. E se estão mesmo juntos, Carmen, é possível que as suspeitas de que te contei no caminho tenham fundamento. E se realmente tiverem, nós já ganhamos essa batalha. O que acha, Juvenal?

Juvenal conversava com um menino na janela do carro.

— Queridas, eu só sei que me sinto dentro de uma novela. Ai que tensão? Olhem isso aqui — ele estendeu o braço para trás e entregou a elas o folheto que acabara de receber. — A propaganda é para trazer a pessoa amada de volta, mas será que trazem o filho, o café... Porque a pessoa amada você já tem, Carmen!

As duas riram do amigo, mas logo Carmen sentiu o semblante fechar novamente. Precisava decidir o que fazer. Queria resolver a situação.

— Se não podemos contar com Jey...

— Vamos reunir Sílvia, Roberto e Michele — Clarissa interrompeu Carmen. — Eles podem ajudar. Pelo menos com ideias.

— A Sílvia voltou? Você chegou a conhecê-la?

— Sim, parece que ficou bastante tempo internada. Mora lá perto de casa. O Roberto e a Michele nos apresentaram numa noite na casa deles. Depois que a Sílvia souber que Jey a acusou quando liguei para falar da possível sabotagem, tenho certeza: ela vai querer nos ajudar. Estava intrigada com essa história toda. Achou um absurdo você ficar longe.

— Ótimo. Fico feliz por ela estar bem... Agora, Clarissa, Juvenal, escutem e anotem o que vou dizer — Carmen olhava para os dois, a voz, embargada. — Sei lá o que vamos fazer, mas tenho certeza de duas coisas: primeiro, vou ter meu filho e meu café de volta; segundo, isso vai acontecer sem processo, sem juiz. Aquela humilhação me recuso a passar novamente.

Ao comando de Clarissa, o motorista seguiu até a casa das duas. Os três organizaram o encontro com os outros três amigos. Estavam preparados para finalmente descobrir quem era o misterioso sujeito do café, a misteriosa Jocimara e entender Jey nessa história.

●

— Amigos, obrigada por virem — Carmen agradeceu antes de resumir todo o processo e a audiência que antecedeu a viagem para Bahia. — Na ocasião, gente, foi impossível despedir de vocês. Eu jamais conseguiria partir. Vocês me conhecem, me desidrataria de tanto chorar.

— É claro que viríamos; sentimos saudade — Michele, sentada ao lado de Carmen, colocou a mão sobre o ombro da amiga. — Marcos não nos deixa ver Pedro, essa história já chegou ao limite. Você viu como está seu café? Acabado. Agora só recebe encontro de religiosos. E a infiltração...

— Nem me fale... — Carmen interrompeu a amiga. — Vamos ao mais importante agora. Depois, amiga, vou fazer aquilo voltar a ser o bom e velho Grãos e Letras.

Os amigos comemoraram.

— Quando Clarissa contou que Jey me acusou de ter sabotado o café para ficar com você, Carmen... Que raiva. Fiquei preocupada... Imagina se você acreditasse nisso. Verdade: eu estava apaixonada por você, desculpe-me, Clarissa. — ela piscou —, ainda assim jamais prejudicaria alguém para conseguir alguma coisa. Meus dias de liberdade já estavam contados, eu nem poderia ficar com você.

— Você nunca nos contou o motivo da internação, Sílvia. — Roberto desviou a conversa.

— Meus pais acreditavam que o hospital psiquiátrico pudesse me curar da homossexualidade. Acreditem se quiserem, amigos, para meus pais eu sou doente. E parece que eles estão acompanhados de muita gente nessa loucura.

— Absurdo, querida — Juvenal protestou —, sinto muito. É triste ainda haver pessoas que pensam assim.

— Naquela época que Carmen ficou noiva de Marcos, eu fui para um intercâmbio. Eles achavam que o problema estava aqui, na cidade. Queriam que eu fosse para longe sem contar para ninguém. Voltei, para eles não fui curada, então depois de um tempo, fui internada.

— Sem querer ser egoísta... Vamos voltar à questão que nos trouxe aqui? — Clarissa interrompeu — Em minha cabeça a coisa é lógica. Se Jey acusou Sílvia sem ter motivo, é provável que ela tenha relação com o fato.

— Claro! — Roberto parecia ter tido uma epifania. — Gente, uma vez eu atendi Jey no pronto-socorro; ela tinha cortado o dedo. Achei estranho ela ir ao hospital da comunidade.

— Tudo bem. Mas o que isso tem a ver? — Carmen não conseguia acompanhar o pensamento do amigo.

— O nome dela — ele levantou-se. — Jey é Jocimara. E se vocês dizem ter visto Jey e Marcos juntos, provavelmente quem fez alguma coisa "por amor", para ficar com alguém, foi ela mesma.

— Carmen, você se lembra do dia em que tiramos aquela foto usada contra você? — Sílvia recordou. —

Jey estava conosco, Marcos na festa e Otávio deu a máquina para ele fazer a foto. Ela sabe dessa história.

— Essa mulher é estranha. Sílvia, ela sim deveria ter ficado no hospital.

— Fique tranquila, amiga — Silvia piscou para Carmen. — Só precisamos convencê-la a contar a verdade. E sei como fazer isso. Deixem comigo.

●

No dia seguinte, Sílvia buscou Carmen em casa. Antes de o Grãos e Letras abrir, elas estavam lá. Viram a cena do dia anterior se repetir. Desceram do carro.

— Podem ficar de braços dados — Carmen ria para Marcos e Jey quando os dois soltaram os braços ao vê-la. — Já sei que estão juntos.

— Eu ia te contar...

— Jey — Carmen interrompeu —, eu tenho tanto interesse em sua vida com Marcos quanto tenho pela vida sexual dos elefantes. Meu interesse é por isso aqui — ela apontou em direção ao café.

— Isso aqui é meu — Marcos soltou o braço de Jey e se aproximou de Carmen. — Você jamais terá isso de volta.

— Vamos ver... — Carmen se afastou dele; virou-se para Jey. — Precisamos falar com você.

— Está valente essa vagabunda. O que foi? Sua negona está te dando aula?

— Vim aqui falar com sua mulher. Deixe-me em paz, Marcos. Nosso problema a gente resolve na justiça.

— Vai querer fazer papel de boba de novo?

— Licença, Marcos, nós viemos conversar com Jey — Carmen insistiu.

— Eu...

— Nem adianta dizer que tem nada pra falar com a gente — Sílvia interrompeu Jey. — Sabemos que tem. Eu, principalmente, quero refrescar sua memória para alguns fatos — piscou para Jey e depois lhe deu um tapinha no ombro.

— Marcos, querido, eu vou ver o que essas duas querem e depois entro.

Marcos entrou depois de dar um beijo em Jey. Sílvia e Carmen seguraram cada uma um braço da testemunha que, pretendiam, abriria o jogo.

As três caminharam.

3

Véspera de natal de 2009. Carmen, Clarissa e Pedro chegaram cedo para a festa no café Grãos e Letras. A programação incluía lançamento de livros, recital de poesia, muita música, comida de qualidade. A lista de clientes era longa. O café já fazia parte do cenário cultural do estado.

Depois de orientar funcionários e organizar a casa, os três sentaram-se à mesa. Roberto e Michele chegaram. Sílvia veio depois.

Juvenal telefonou, não pôde comparecer à festa. Especialmente para Roberto, enviou um abraço que causou o ciúme de Michele e risos da turma. Ela fez questão de exibir a aliança de noivado, e ele a seguiu orgulhoso.

Brindaram.

Diante dos elogios à festa, Carmen e Clarissa agradeciam, orgulhosas da participação de Pedro na organização. O sucesso era da família. Não de uma, ou de outra. Estavam juntas como prometeram ficar.

Pedro, tímido, se esquivava dos elogios. Anunciou a chegada de Thaís, saiu de fininho.

— Quem é Thaís, gente?

— É namorada de Pedro, Silvia. Nunca vi meu filho tão feliz. Desde antes da confusão toda eles já namoravam. Agora Thaís e Rose são as mulheres da vida de Pedro. Claro, a Rose é filha dos dois — ela riu junto com os amigos. — Parece que vou ser sogra.

— Nós — Clarissa corrigiu Carmen — afinal, Pedro é meu filho também.

— Sem dúvida, amigas, vocês estão juntas nisso — Roberto levantou o copo para brindar o momento. — Mas agora conta como conseguiram fazer Jey finalmente colocar as cartas na mesa. Michele e eu ficamos por fora da história.

— Roberto, eu tinha um segredo com Jey. Há anos passei uma noite com ela. Foi bem antes da tal festa da foto. Nós duas assistimos a um filme juntas, uma daquelas noites que combinamos de ver filme e todo mundo deu bolo, só porque eu era estranha.

— Imagine, Sílvia! — Carmen interrompeu.

— Eu sei, Carmen, somos amigas e você nunca quis me dar bolo, magoar, mas naquela época eu era mesmo estranha — elas riram, Sílvia continuou o relato. — Depois do filme, ela quis experimentar beijar mulher, teve uma cena no filme, ou coisa assim, não me lembro, sei que fizemos sexo naquela noite. Pra dizer a verdade, foi a primeira vez das duas. Ela jamais quis falar nisso e eu, como sempre, fiquei calada. E o que fiz foi fazer com que ela se lembrasse daquela noite e como ela não queria que o Marcos soubesse...

— Jey estava apavorada. Queria que ninguém soubesse — Carmen acrescentou.

— Lógico, agora a mulher é super religiosa. Ela e o Marcos estão muito envolvidos com a igreja — Clarissa explicou.

— Gente, vocês não fazem ideia de o que me livrei quando me separei daquele maluco. Ele agora é pastor de uma igreja que nem sei o nome.

Felicidade, seu nome era Carmen. Apelido: vencedora.

Ela se gabou da vitória. Não houve processo, nenhum desgaste emocional. O segredo ameaçado persuadiu Jey a conversar com Marcos. Os dois precisavam ficar mais concentrados na igreja. Ele, pastor, deveria se dedicar aos cultos. Os dois tinham muito o que fazer pela comunidade. Ela pediu desculpas a Carmen. Recebeu o perdão porque também convencera o marido a abrir mão da guarda de Pedro. Marcos, depois de anunciar "agora vou ter um filho normal, porque de uma mulher que não é normal jamais poderia sair uma criança que se preze", deixou o filho e malas na calçada mesmo.

Pedro estava feliz com a namorada. Carmen, dividida, preocupava-se com o filho que tem necessidade especial, mas também confiava na possibilidade de ele viver sem a constante proteção da mãe. Era difícil para ela desapegar-se da preocupação e deixar de lado a tendência à superproteção. Clarissa era o pêndulo que garantia balanço àquela família.

Os amigos aproveitaram a noite que terminou com a promessa de muito sucesso na vida pessoal e profissional de cada um deles.

— Ao primeiro natal do resto de nossas vidas! — Carmen levantou o copo para brindar com os amigos.

4

Um ano depois, no escritório do Grãos e Letras, Carmen, sentada à mesa tentava colocar em ordem a lista de convidados para o Natal. Deixou a caneta descansar sobre o papel, encostou-se e inclinou a cabeça para trás. Fechou os olhos. Na mente pôde ver Clarissa frenética de olho nas obras, reformas, enquanto Pedro ajudava o DJ a escolher músicas e ela corria de um lado para outro para que a comida estivesse pronta a tempo. Carmen, Clarissa e Pedro queriam que a festa, na nova sede do Grãos e Letras, no Rio de Janeiro, fosse inesquecível.

— Está sonhando com o quê?

— Que susto, Clarissa! Eu estava com a cabeça longe... Às vezes tenho um medo danado de a gente não conseguir levar pra frente essa história de sede no Rio.

— Por quê?

— Pensa que vai ser fácil?

— Carmen, fácil nunca é. Mas nós estamos empenhados...

— Verdade. Você reparou como Pedro está super empolgado?

— Então? Vamos, termina a lista. Já está na hora de ir pra casa.

— Vá na frente, Clarissa. Eu te encontro em casa. Pedro já foi?

— Já. Estava na casa de Thaís, passou aqui antes de ir — Clarissa beijou Carmen por cima da mesa.

— Vê se não demora! Vou deixar essa porta aberta.

— Pode deixar o portão destrancado, não vou demorar.

— Tem certeza?

— Tenho certeza e preguiça de brigar com ele. Até hoje não mandamos arrumar...

— Vou olhar isso depois que passar a confusão de festas.

— Combinado — Carmen mandou um beijo, acenou, sorriu.

Clarissa saiu.

Ao reler a lista dos convidados, sentiu nostalgia. Os nomes de amigos trouxeram lembranças do caminho que cada um percorreu para estar a poucos dias de 2011 com sonhos realizados.

Começou por se lembrar de Sílvia que, finalmente, encontrara alguém de quem gostasse. Depois de alguns meses de mistério, típico dela, Sílvia contou que na festa de natal, enquanto os amigos conversavam, ela ficou de olho em certa mulher que fez nada além de ficar sentada ao balcão. Antes de ir embora, pediu à garçonete que entregasse um bilhete para ela. No dia seguinte as duas conversaram ao telefone e havia um ano estavam juntas. Carmen desconhecia o nome da tal mulher, mas fez questão de anotar na lista: Sílvia e "mulher misteriosa".

O segundo nome da lista era Roberto. Ao lado dele, Michele.

— Grande Roberto — Carmen falou sozinha —, você é um sujeito sensacional.

— Está sonhando acordada, Carmensita? — do escuro, do lado de fora do escritório uma voz masculina quebrou o silêncio. — Deve ser comigo. Só pode ser.

— Quem está aí?

— Já esqueceu minha voz? — o vulto aproximou-se da porta. Carmen começou a tremer; a mão transpirava.

— Que brincadeira chata — ela arriscou levantar-se.

— Acabou a brincadeira.

Carmen sentou-se. Alcançou o celular que estava sobre a mesa.

— Olhe pra mim, vim te buscar.

Ela fechou os olhos. A mão, então sobre o colo, segurava o telefone. Sentiu com a ponta dos dedos o teclado. Discou 190. Sem coragem para olhar quem estava à porta do escritório, continuou de cabeça baixa. Os olhos cerrados.

— Eu falei para olhar pra mim, vagabunda, sapatão — a voz gritou com ela. — Pensa que vai embora para o Rio e me deixar aqui sem nada?

Carmen respirou fundo. Não teve coragem de abrir os olhos. Ainda assim, percebeu a pessoa aproximar-se da mesa. Sentiu as mãos pingarem suor, o coração acelerar. Sabia, ali havia um corpo, uma ameaça, exatamente onde, minutos antes, Clarissa estava em pé. Onde se beijaram e prometeram que a distância seria breve. Ela abriu os olhos.

— Marcos? O que é isso?

— O quê? Isto? — ele sacudiu a mão. — Isto se chama pistola.

— Você está...

— Louco? — com estalos da língua ele fazia que não; balançava a cabeça de um lado para outro.

Carmen olhou para baixo, o celular no colo exibia, na tela, "Chamada em andamento".

— O que você está fazendo aqui com essa arma? — ela falou mais alto que de costume.

— Já disse: é uma pis-to-la. É burra, ou surda? Levanta logo daí.

— O que você quer de mim, Marcos, aqui no meu café Grãos e Letras? — ela falou em tom ainda mais alto, na direção do celular.

— Vim em nome de Deus. Ele me pediu para agir em nome Dele. Levanta logo, porra!

— Calma. Já vou — Carmen levantou-se lentamente. O celular caiu no chão. — O que você quer? Fale.

— Me serve uma dose qualquer e a gente conversa um pouco — Marcos pegou Carmen pelo braço. Puxou. Fez com que ela desse a volta na mesa e se aproximasse dele. — Esqueci... Você não bebe...

— Bebo, Marcos, a diferença é que sei beber.

Ele a empurrou. Ela caiu. Ele a puxou novamente. Ela levantou. Marcos fez com que Carmen andasse até a cozinha. Ela caiu sobre o balcão depois de mais um empurrão.

— Sempre te disse, mulher: seu lugar é na cozinha.

— Marcos, pensa bem no que está fazendo. Você tem um filho lindo com a Jey. Ela vai ter outro bebê. Você tem sua igreja.

— Mas você, Carmen, é a mulher da minha vida. Eu vou te curar. Lembra o dia que fui a sua casa? Acho que não fiz o trabalho direito — ele tirou o cinto. — Hoje vou fazer a coisa direito. Na carne, você sentirá a dor de se livrar do demônio.

Lançou a fivela contra a perna de Carmen.

Ela gritou.

— Cale a boca! — ele vociferou ainda mais alto.

— Vire-se.

— O que vai fazer?

Marcos, atravessou o cinto no rosto de Carmen. Ela sentia o gosto seboso do couro. Mal conseguia gemer.

Com uma das mãos, ele abaixou as calças.

— Não vou ficar sem você — ele sussurrou no ouvido dela. — Hoje te faço voltar a ser mulher.

Ele insistia, mas não conseguia penetrá-la.

Nervoso, começou a chutar o balcão. Largou o cinto. Jogou Carmen para o lado. Apontou a arma.

— Pense bem, Marcos, você tem muito a perder.

— Já perdi a dignidade. O que mais me resta?

— Família.

— Porra nenhuma! — a ira de Marcos cuspia no rosto de Carmen enquanto a arma, agora ainda mais próxima, mirava o ouvido dela.

— Você vai me matar? Mate logo. Eu não viveria com você, não viveria sem Clarissa. Ela é o amor da minha vida. Olhe para você? Pensa que gostaria de criar meu filho a seu lado? E se eu não morrer hoje, prometo, Marcos, vou contar pra todo o mundo o homem que você é. Faço questão de não esconder o que você sempre fez comigo. Você rejeitou seu filho, me estuprou, bateu em mim. Não vou ficar calada. Pra mim chega, seu louco.

— Louca é você! Não enxerga que está errada? Deus criou o homem e a mulher para ficarem juntos. Isso aqui — ele mexia nos genitais — é para encaixar aqui, ó — encostou a arma na vagina de Carmen.

— Entenda, Marcos...

— Entenda, Marcos — ele repetiu com a voz em timbre alto. — Entendo que você tem essa voz irritante. Sapatão, filha da...

Carmen ouviu o som de seu próprio corpo bater no chão.

•

— Bela Adormecida... Sempre difícil de acordar.

Carmen se viu amarrada à cadeira. Marcos derrubava, um a um, os livros das estantes. Ele havia empurrado mesas e cadeiras para o canto. Naquele momento, no centro do salão principal do Grãos e Letras, estavam somente ela e a pilha de livros jogados.

— Coloque essa arma no chão. Vamos conversar.

— Não tenho mais nada para falar com você. Lembrei agora do filme Fahrenheit... Que número mesmo? Lembra? Os livros faziam a cabeça das pessoas. Queimaram tudo. Colocaram fogo. Essas coisas aqui — ele começou a pisar os exemplares espalhados ao chão — são do inferno. Você vai arder, lá nos quintos. Espera aí que vou ali na cozinha buscar o álcool e fósforos. Sabe onde estão? Não precisa dizer que eu encontro.

Na ausência de Marcos, Carmen tentou se soltar. Inútil.

— Pronto! — às gargalhadas ele voltou ao salão. Jogava álcool na pilha de livros enquanto mantinha sua vítima na mira da arma.

— Vamos, largue essa arma, senhor — uma policial entrou devagar e com a voz firme comandou, depois de se posicionar atrás de Carmen.

— Largar o quê? Vou te queimar junto com essa vagabunda.

Carmen ouviu o estampido.

Em seguida, sentiu o corpo da policial esbarrar contra o dela. Vozes masculinas entravam pelo salão.

Outro estampido.

Marcos jogou-se ao chão.

Carmen preferiu fechar os olhos.

•

Na calçada, deitada na maca, ela arriscou ver. Marcos estava no banco de trás da viatura. Ele olhava pela janela, testa encostada no vidro. Ela pediu para descer. Caminhou até o carro. Com a mão no vidro, quis pedir para que soltassem as algemas. Queria que o pai do filho dela não sofresse.

Ele, com os olhos, parecia pedir perdão.
Carmen recuou.
Apenas acenou.
— Adeus, Marcos.

•

Já era madrugada quando as duas deitaram-se lado a lado. Pedro, na cama entre elas, conheceu quem era o pai.

•

O sol, pouco a pouco coloriu o céu de alaranjado. A luz lentamente entrou no quarto de Carmen e Clarissa pelas frestas da persiana. Carmen acompanhou cada feixe que invadia o ambiente e pintava a parede. Na mente, ainda podia ouvir Marcos. Os olhos, ela já não fechava há algumas horas. Levantou-se.

Na cozinha, preparou o café da manhã. Na sala, ligou a música. À mesa, sentou-se para terminar a lista de convidados, com papel e lápis em punho. Carmen queria seguir seu caminho; esquecer Marcos. Retomou a lembrança de Roberto, interrompida na noite anterior. Escreveu o nome do amigo e, ao lado dele, colocou Michele.

— Bom dia, Carmen. Resolveu tomar meu lugar na cozinha e fazer nosso café da manhã? — Clarissa a surpreendeu.

— Foi impossível dormir. Nem a revista dessa vez...

— De cavalos! — Clarissa riu e conseguiu arrancar um meio sorriso de Carmen.

— As pílulas cor-de-rosa também não. Resolvi terminar a lista. Quer dizer, começar outra. Deixei minhas coisas no café... — Carmen começou a chorar.

— Fico sem saber o que dizer.

— Clarissa, só quero ter paz aqui dentro, sabe? — ela batia a mão no peito. — Meu coração parece que fica sempre em stand by. A qualquer momento pode disparar, ter uma surpresa desagradável. Sei lá. Pensei ter acordado do pesadelo que vivi por alguns anos. Na verdade, tenho pena de Marcos.

— Entendo — Clarissa abraçou Carmen. — Vai ficar tudo bem. Você acordou do pesadelo, vai realizar seus sonhos agora, mas não fique com pena dele. Ele é o vilão da história— elas se beijaram.

— Deixe-me ver essa lista!

— Eu deixei o papel no escritório, então peguei esse aqui. Comecei de novo — Carmen já conseguia arriscar um sorriso. — Adivinha quem é o primeirão.

— Só pode ser o Roberto. Acertei?

— Você viu que foi deferido o pedido de adoção deles?

234

— Que maravilha, Carmen. Então Michele vai ser mamãe. Os dois devem estar super felizes. E o processo do nome dela?

— Deferido também. Jorge agora é coisa do passado. Só existe Michele. Acho até que conseguiu fazer documentos novos.

Carmen e Clarissa, sentadas à mesa do café, divertiam-se com as histórias dos amigos. Depois de Roberto e Michele, foi a vez de Juvenal ser colocado na lista. Ao lado dele, o namorado.

— Colocou a Thaís na lista, Carmen?

— Sem dúvida. Apesar de ela não precisar do nome aqui. Thaís já é da família.

— Ouvi alguém falar o nome de minha namorada?

— Que susto, Pedro — Carmen riu, levantou-se, colocou o braço nos ombros do filho.

— Mãe, eu sinto muito pelo que o pai fez — Pedro olhou Carmen nos olhos. — Fiquei com vergonha por ele ser meu pai.

— Filho, não pense assim.

— Verdade, mãe. Ele é preconceituoso. Sem falar na loucura dele. Se ele tivesse atirado em você, ou colocado fogo nos livros, nem sei...

— Pedro, sua mãe tem razão: não pense assim — Clarissa levantou-se e juntou-se aos dois. — Pelo visto, Marcos é doente, precisa se tratar. Mas uma coisa boa fez e precisamos agradecê-lo por isso.

— Que loucura, Clarissa — Pedro riu —, não consigo imaginar no que você pensou. O que é?

— Está vendo isso? — Clarissa apontou para Carmen e Pedro abraçados — Ele ajudou a construir. Ele é seu pai, Pedro. Na verdade, você existe porque seu pai e sua mãe...

— Ah! — Pedro riu. — Você vai mesmo me dar aula de educação sexual agora? — os três riram juntos.

— Claro que não...

— Filho, o que Clarissa quer dizer é que tenho duas opções agora: posso sentir pena de mim mesma e de você, ou posso entender que, do relacionamento maluco que tive com seu pai, ganhei você. E isso é o que vale. De nada adianta assumir posição de vítima. É melhor compreender o que aconteceu e seguir em frente. Tudo o que passamos, Pedro, é parte de nosso amadurecimento; faz a gente crescer. Se eu acreditar que seu pai deliberadamente me causou dor, sentirei ainda mais dor.

— Entendeu, Pedro? Sua mãe, você, e nem mesmo eu vamos fingir que nada aconteceu. Ela fez isso uma vez, apenas abriu precedente para ele se repetir. O importante é encarar a realidade e seguir em frente.

— Então acho melhor a gente cuidar da lista de convidados, minhas queridas mamães! Vamos fazer essa festa bombar. E hoje eu escolho o almoço para comemorar.

— Já sei o que vai querer — Carmen atrapalhou o topete de Pedro.

— Lá vem você contra meu topete!

— Já estava desarrumado, filho! Você acabou de acordar!

— Vocês dois com esse topete... — Clarissa riu.

— E então, o que vamos comer? Ah! Já sei.

— Pizza marguerita — os três falaram juntos e gargalharam.

•

Um mês depois, Carmen, no escritório do Grãos e Letras carioca, lia o jornal e sentia que a cada palavra impressa naquela página do caderno de cultura, seu sorriso se alargava mais. Depois das boas notícias, ligou para Clarissa e Pedro. Toda manhã, Carmen tinha a mesma rotina.

Banho.
Roupa.
Jornal.
Telefone.
Café.
E isso era apenas o começo.